# 摩根写给儿子的32封信

-青少版-

张军霞 编译

苏州新闻出版集团

古吴轩出版社

**图书在版编目（CIP）数据**

摩根写给儿子的 32 封信 : 青少版 / 张军霞编译 .
苏州 : 古吴轩出版社 , 2025. 4. -- ISBN 978-7-5546
-2393-0

Ⅰ. K837.125.34-49

中国国家版本馆 CIP 数据核字第 20244N4L78 号

责任编辑 : 戴玉婷
策　划 : 崔付建　秦国娟
装帧设计 : 鸿儒文轩·末末美书

书　名 : **摩根写给儿子的 32 封信（青少版）**
编　译 : 张军霞
出版发行 : 苏州新闻出版集团
　　　　古吴轩出版社
　　　　地址 : 苏州市八达街 118 号苏州新闻大厦 30F
　　　　电话 : 0512-65233679　　　邮编 : 215123
出 版 人 : 王乐飞
印　刷 : 三河市华东印刷有限公司
开　本 : 880mm × 1230mm　1/32
印　张 : 7.5
字　数 : 164 千字
版　次 : 2025 年 4 月第 1 版
印　次 : 2025 年 4 月第 1 次印刷
书　号 : ISBN 978-7-5546-2393-0
定　价 : 68.00 元

如有印装质量问题，请与印刷厂联系。18611130373

# 前　言

　　亲爱的朋友：您想教育培养出一个出色的孩子吗？您想让后人传承财富和事业吗？如果回答是肯定的，那么，我推荐您认真阅读这本《摩根写给儿子的32封信》。这些原本以遗嘱形式秘传的传家宝信件，会为您铺设一条通往理想的金色大道，会使您轻松实现自己的人生愿望，还会薪火相传实现您未竟的事业。

　　本书收录的32封信的作者是世界财富巨擘摩根家族的奠定者约翰·皮尔庞特·摩根。他出身于美国康涅狄格州哈特福德城的一个富有的商人家庭，于1861年创立摩根商行，1901年组建美国钢铁公司，此后创建了一个庞大的摩根金融帝国。

　　20世纪初期，摩根家族控制下的美国铁路线超过10万千米，占全美铁路的三分之二。摩根家族控制的金融资本，包括银行家信托公司、保证信托公司、第一国家银行等，占全美的三分之一。摩根家族的保险行业占全美的三分之二。相关数据显示，当时的摩根家族拥有740亿美元的总资本，相当于全美所有企业资本的四分之一。

换句话说，摩根家族几乎掌握着美国甚至部分欧洲国家的经济命脉，它的掌舵人约翰·皮尔庞特·摩根更是日理万机，一手控制着这个庞大集团的运营。尽管如此，老约翰仍没有忘记对下一代的教育和培养。他的儿子叫小约翰·皮尔庞特·摩根，小约翰从孩提时代起就开始接受父亲的谆谆教诲。

老约翰从儿子的学生时代起，便开始以信件的形式对儿子进行教育培养，后来小约翰进入家族企业，老约翰更是手把手地教儿子如何管理企业、怎样用人、如何激励员工等，事无巨细、不厌其烦地一一写信告诉他。小约翰没有辜负父亲的期望，后来成了父亲大部分事业的继承人，延续了摩根家族的辉煌。

现在人们熟悉的纽约金融中心华尔街，是美国金融界的晴雨表，而摩根的金融帝国则是华尔街的神经中枢，在一百多年的风云变幻中，摩根财团的地位无人能够撼动。

读者朋友，您知道了约翰·皮尔庞特·摩根的这些传奇经历后，是不是急切想要知道这些信件的内容呢？不要急，下面就请您阅读这本《摩根写给儿子的32封信》吧！

本书挑选世界上最畅销的版本，综合各版本的精华进行编译，并且根据信中内容，贴心地为每封信加上了标题，使您一看就知道每封信的精髓所在。

摩根殚精竭虑、苦口婆心地教育年轻一代，使他们掌握创造财富和管理企业的本领和方法，并薪火相传，继承和发扬财富基因，可以说这具有超越时代和国界的意义。

我们现在许多人非常苦恼，自己辛辛苦苦打拼出来了事业，奠定了家业，孩子却成了躺平享乐的败家子，家业后继无人，家族富不过三代，最终留下遗憾。俗话说，孩子是咱们的未来，前人强不如后人强。为此，相信本书对于您和所有父母都有巨大的教育和启迪作用！

在此祝您从本书中学到创造财富和管理企业的秘诀，掌握以钱生钱的理财奥秘，教育培养出能继承并发扬家业的杰出后代。相信本书能让您的家族后继有人，让您的子孙后代延续您的辉煌伟业！

# 目 录

第一封　要敢于迎接挑战 / 001

第二封　成为被需要的人 / 008

第三封　拥有企业家的资质 / 017

第四封　不要损害商业信誉 / 031

第五封　懂得读书的经济价值 / 036

第六封　学会结交行业朋友 / 042

第七封　慎重对待自己的婚姻 / 048

第八封　养成良好的生活习惯 / 053

第九封　学会有效地利用时间 / 060

第十封　要不断汲取经验 / 065

第十一封　对人付出多一点 / 069

第十二封　要激发工作的热情 / 077

第十三封　如何挺过暴风雨 / 086

第十四封　　要敢于冒险 / 090

第十五封　　不可奢侈浪费 / 096

第十六封　　保持生活的平衡 / 106

第十七封　　要有扩张的野心 / 115

第十八封　　成为最优秀的领导者 / 122

第十九封　　让你的演讲充满魅力 / 130

第二十封　　在竞争中以和为贵 / 137

第二十一封　　虚心接受别人批评 / 146

第二十二封　　关心并尊重员工 / 152

第二十三封　　解雇职员的技巧 / 161

第二十四封　　对公司进行效率管理 / 168

第二十五封　　管理好自己的钱包 / 176

第二十六封　　勇于创新与突破 / 184

第二十七封　　企业经营要多元化 / 191

第二十八封　　与银行愉快地合作 / 197

第二十九封　　企业应当守法经营 / 204

第三十封　　掌握用人的技艺 / 209

第三十一封　　做自己命运的主宰 / 218

第三十二封　　放手经营自己的事业 / 224

# 第一封　要敢于迎接挑战

**亲爱的小约翰：**

我的好孩子，请你听着，我现在有很多心里话要说给你听。并且，我要时刻提醒你的是，我现在要对你说的话和从前的教育有所不同了。

因为，从现在起，你已经不再是个小孩子了，你已经长大了，长大了就要懂事和懂社会呢！

我的好孩子，你即将踏入这个多彩而又复杂的社会，这是一个看不见硝烟的战场，在这个战场上，你将会和我一起面对种种严峻的挑战。

所以，这样说来，你不再单单是我的孩子，还是和我一起并肩作战的战友，或者是我的同事。

今天，对你的人生来说，是最重要的一天，你20年的校园生活已经结束，即将开启崭新的社会之旅。我相信，你经过这么多年的学习，已经掌握了不少理论知识。你现在可以正式投入社会的工作行列中了，对此，你应该感到万分高兴才是，因为你可以大显身手了。

你可能听说了，有许多人并不喜欢工作，那是因为他们每天早上必须早早起床，然后做着一些重复且无聊的事务。这样的话，他们就失去了很多娱乐时间，而且像他们这样反复地辛苦劳作，也会给身体带来负担，从而引发很多疾病。

还有另外一些人，他们一开始就急于投入工作当中，这是因为工作可以让他们早日实现自己远大的理想和抱负。他们渴望通过不懈的努力，充分展现自己的才能。

我希望你加入后者的行列之中。孩子，我更希望你除了继承我们家族的财富之外，还能创造更多的财富。

我的好孩子，在你踏入社会之前，也许我对你的教育严格了些，也占据了你很多娱乐时间，但是，我相信你是能够理解我的。我之所以那样做，是为了让你接受更优质、更全面的教育。因此，现在你的精神架构已经基本成型。

而你目前要做的，是将长年累月积累的知识，应用到竞争激烈的社会中去，因为这样你才可以在维持生计和确保幸福生活的前提下，寻求更多的机遇和更广阔的发展空间。

在这点上，你已经居于有利地位了，因为你对即将接触的事务已经熟悉，并且你一直渴望成为一位优秀的企业家。但是，许多与你同龄的人没有你这样幸运，他们不得不为了生计而四处奔波，他们甚至都不知道自己的目标在何方呢！

　　尽管有些人有自己的目标，却只能在目标的边缘徘徊。你是否思考过这是为什么？你和他们的不同之处在于你有一个像我这样成功的父亲。

　　作为你的父亲，我可以把我多年在商界积累的经验和心得毫无保留地告诉你，将我们摩根家族从1636年迈尔斯·摩根登上美洲大陆务农开始，经过历代的艰辛经营和不断创造，到开拓发展地产、金融领域所获得的所有成功经验一一传授于你，希望你能够继承并发扬我们摩根家族的事业。

　　我的孩子，你可以想一想：你比那些为生计奔波的人是不是要幸运得多呢？你有自己的目标，我也为你提供了一个优越的事业平台，就等待你去挖掘和开拓了，这就是一个很好的开端。

　　那么，从你正式入职公司的第一天开始，你必须每天准时上班，勤恳工作，从基层做起，学习和掌握企业运营的各个环节。在工作中，严格遵守工作纪律是至关重要的。试想，一个连准时上班都做不到的人，又如何能够完成重要的任务呢？

　　在工作中，我只会给你一次机会。你应该与那些长年为公司发展尽心尽力的同事们交流，我相信你一定会谦虚地吸取他们的宝贵经验和管理知识。

　　在这个阶段，如果你有改革创新的想法，记住不要急于求成，因为时机尚未成熟。如果你有更好的处事方法，可以大胆地提出来，不要有任何顾虑。

但是，有一点你要注意，在操作的过程中不要过于严苛。守株待兔的人无法成为成功者，只有不断学习并耐心等待最佳时机的人才能跻身成功者的行列啊！

也就是说，制订计划时必须深思熟虑，把各种可能发生的情况考虑进去，才能够得出一个周全的计划。你若真的确定公司政策有改变的必要，也不要急于求成。

虽然企业决策者需要果断和迅速行动，但是，这也要视情况而定，对于未曾涉足的业务，还是要经过一段时间的调查和研究，等基础稳固后再着手推进才好。

你在学校学到的理论知识可以指导你的工作，但是真正的实践才能让你成长。在公司工作的过程中，只要你保持谦虚学习的态度，就一定能得到优秀的指导，而我想你应该从销售部门开始学习，等你对工作有了深刻理解后，我会安排你与客户见面，让你了解自己并发挥推销能力。

而这些客户与我们公司交往的时间甚至比你活的年数还要长，从他们那里你可以了解他们对公司的看法和观点，这将加深你对公司的认识。

我还要提醒你的是，在你跟客户握手之前，必须尽可能多地了解对方。从客户的立场来说，第一印象非常重要，他们只会给你一次机会，否则，往后你得花费一两年或更多的时间才能重新抓住客户的心，这将使你的起步变得缓慢。

你刚刚进入公司，必须记住，要多听少说。如果你想成为一个善于言谈的人，那么首先应该学会做一个善于倾听的人。你要学会鼓励别人多谈他们自己，听取他们的建议，这样你才能更客观地看待问题，并做出正确的决策。

过去，当我决定录用一个推销员时，我会先介绍给他两三个客户做一番试验，如果有两个客户表示这个人"话太多"，我就绝对不会录用这个人。

其实，理由很简单：言多必失。与其自行暴露缺点，倒不如谨言慎行。因为人们往往更欣赏那些知识渊博却不吹嘘的人，我们的客户尤其如此。

你在与客户接洽时，要做好充足的准备。你必须携带公司完备的资料，同时，你还要在心中不断地提醒自己：与我们竞争的同行更加优秀，更能为客户提供优质的服务。

这就要求你具备足够的勇气和自信，这样，你就能够在客户面前侃侃而谈，从而赢得他们的好感，顺利地完成工作。

但是，你必须注意，不要夸夸其谈，不要打断别人，要尊重对方，等别人把话说完，你再提出自己的观点。推销服务固然是工作的重点，但切记：售后服务更为重要。如果因为我们服务不周，客户对我们有怨言，并且弃我们而去，使我们需要不断地寻找新客户，我们便毫无效率可言了。

虽然寻找新客户也是我们不可或缺的行动，但是在收益表上可以看到，从新客户那里获得的利润并不显著。所以，在开发新客户的同时，也必须注重售后服务，这样才能确保公司的持续发展与壮大。

服务是企业的生命线，只有提供卓越的服务，企业才能更有竞争力。与此同时，与原料供应商保持良好的关系也至关重要。

有些原料供应商在享受了我们优质的售后服务后，即使面临同行的降价诱惑或暴力威胁，他们依旧坚定不移地为我们供应原料，而且从没有中断过。当然，我也希望客户以同样的态度支持我们。

你要把刚开始工作的时期作为学习和锻炼的阶段，不要妄断妄行。在这一时期，你应该尽量小心，但是也不要紧张到草木皆兵的地步。你要注意观察每一位新同事，就像观察学校的新同学一样。

同时，你也要意识到，别人也在观察你。一个微小的失误，都可能给人留下深刻的印象。所以，你必须注意自己的言行举止。

也许我这番话会使你害怕，但是你也不必太过担心，毕竟"罗马不是一天建成的"。况且，我写这封信的目的，是想给你提供建议，同时也是对工作和兴趣的追求，做个简单叙述而已。

从你所接受的教育来看，我清楚地知道，你的目标是成为一名优秀的企业家。换句话说，你与本公司的工作具有相当的适配度。在过去的20年里，我观察了你的成长过程，发现你不会对事情过于强求，是个有弹性的人。但是，你能否发现工作的乐趣呢？那就要看你自己的了。

进步是要靠自身不断地学习，不进则退。你自立，有理想和责任感，这会使你能够在工作中获得乐趣。但是，你也不要忘记，竞争是多方面的。30年后的商界巨擘，现在也正与你一同踏入社会，并投入企业竞争之中。

最后，我还想再说一句。未来的商界领袖，绝不是出了校门后便不再努力的人，他们只不过是改变了努力的时间，只是在平常生活中加入了适当的娱乐调剂，而夜晚及周末也成了他们努力的时间，也就是这样罢了。

由于企业的大小事情都要我去拿主意，所以，我没有太多的时间来陪伴你，只能靠你自己去不断地学习和积累经验。每位父亲都希望自己的孩子能够成大器，我也不例外。16世纪著名诗人乔治·赫伯特曾说过"一个父亲胜过百个教师"，这句话是有一定道理的。

我的好儿子，为了获得生活的食粮，欢迎你来到这个真实的社会。一年后，我希望看到你以最佳的成绩向我汇报。成绩反馈至关重要，然而任何事情都是复杂的，我们也不能忽视失败的反馈作用呢！

是的，失败可能会使人丧失斗志，但对于意志坚定的人来说，失败往往能激发更大的斗志。当然，这种激励是建立在失败所造成的代价之上的，管理者只能利用失败，而不是有意制造失败。所以，勇敢地去迎接挑战吧！我的好孩子。

你的父亲

约翰·皮尔庞特·摩根

# 第二封 成为被需要的人

**亲爱的小约翰：**

我的孩子，我曾经给你讲过，书籍是人类进步的阶梯，它是全人类智慧的结晶，如果你善于从中汲取养分，那么在你以后的人生道路上，就会少走很多弯路。

我的孩子，听爸爸和你说，从现在开始，你要广泛涉猎，博采众长。一直以来，我都很欣赏一本书，现在我想把它推荐给你，这本书就是《致加西亚的信》。

没错，就是那本曾经在军队中广泛流传、目前已经畅销多个国家的伟大著作。尽管这本书的字数不多，但它所包含的内容句句充满哲理，给人们深刻的启迪。

当然，我相信这本书也会对你产生很大的影响。说起这本书，又使我想起了书中那位伟大的英雄——罗文，书中讲述了这样一个令人难忘的故事：

当美西战争激烈进行时，联邦政府总统认为，在这个紧要关头，他们必须立即与西班牙的反抗军首领加西亚取得联系。但就在这时，问题出现了。

因为加西亚的藏身之处非常隐秘，他们只知道他藏在古巴山区的某个要塞里，但没有人能够说出具体的地点，而且在当时的情况下，不可能用电报或者邮件传达消息。

但是，就目前的情况来看，找到他并和他取得联系是非常必要的，因为总统需要得到他的协助。

就在这种紧急情况下，众人都不知所措。这时，有一个人突然想到了一个办法，于是他上前去，告诉总统："找到加西亚也并不是不可能，让罗文去试一试吧！"

就这样，总统召见了罗文，并交给他一封致加西亚的信函。罗文用油布袋把信函封好，然后小心翼翼地把它放进了上衣左胸的里侧。在整个过程中，罗文始终没有说一句话。

时间过得很快，四天后，罗文趁着夜深人静，独自一人搭小船抵达古巴海岸，最终消失在丛林里。人们不知道他送信函的整个过程，只知道他徒步穿越敌国，成功地送达了那封事关重大的信函。三个星期后，他的身影出现在另一端的海岸上。

我想，对于这个故事我也不需要再多说什么了。孩子，你应该明白我所要表达的意思了吧。对，我就是想告诉你，当罗文接过总统给他的那封信函时，他就接受了这项任务，并且不曾问一句："我应该去哪里找他？"孩子，你是爸爸的未来，我希望你向那些优秀的人学习。就像故事中的罗文，他坚强、勇敢，为了实现自己的目标，他不怕艰难险阻，克服重重困难，奋不顾身，勇往直前。只有这样的人才能获得成功，为他人所敬仰。

而且，人们还应该为这样的人塑造铜像，放置在每一所高校，供年轻的学子学习和效仿。对于一个年轻人来说，除了掌握必备的课本知识以外，坚韧不拔的精神和强烈的责任感也是必不可少的，唯有如此，你才能在日后有所作为，闯出一片属于自己的天地。

我的小约翰，对于你的想象力，我是颇为欣赏的。运用它，你可以很清晰地描绘出自己的未来，这样美好的未来该是一幅多么生动的图画啊！

如果你对它充满向往，就把它当作你的奋斗目标吧！就像罗文一样，为了自己心中的理想而勇往直前。这样，你的人生将会更加精彩。

大多数人在生活中总是表现得粗心、散漫，甚至还可以说是有点愚蠢。除非得到命运的眷顾，被赐予一位得力的助手，否则很难独自取得成功。除非利用强迫手段或金钱收买，否则很难让他人为你做事。

而且，在他人为你做事的过程中，你会发现人类的无能和愚笨，因为帮助你的人总是三心二意，你甚至会发现他根本就没有完成大事的能力和可能性。

我的孩子，我知道你绝对不会甘心做这样的人，在我眼中你是很棒的，你从小就具有独立精神，我相信你在工作和生活中将会磨炼得更加出色。

基于此，你不妨做个试验，你坐在办公室里，然后叫一名职员进来，你拜托他："××先生，麻烦你去查一下百科全书，然后给我一份有关汤姆的简单介绍。"

当你给这名职员安排好任务后，你认为他会怎么做呢？我敢肯定他不会很简单地说一声"好的，我马上做"，然后立即投入工作。根据我的经验，他会或多或少地露出吃惊的表情，然后向你提出一些诸如以下的问题：

汤姆是谁？不知您指的是哪一种百科全书呢？去哪里找百科全书呢？汤姆个人的详细信息您能提供给我一些吗？这件事您很着急吗？这种事不太适合我做吧？那这样吧，我把那本书找出来，您自己看好吗？我该怎么查？这样吧，您告诉我您到底需要他哪些方面的情况呢……

如果你很有耐心，一一回答了他的这些问题，那个职员肯定也不领情，他离开后可能会去找别的同事帮忙，让别人替他完成这份工作；又或者，过了一段时间后，他直接回来告诉你，百科全书上没有那个汤姆。

当然，孩子，也许你并不太相信我的这些预测。可是，我现在告诉你，这是依据我的经验预测的，对此我很有把握，我是不会错的。

如果你是个很体贴的人，在安排好属下的任务后又特别告诉他，汤姆的首字母是 T 而不是 J，那么你还不如直接告诉他说："你回去吧，还是我自己来吧。"

因为你的属下对这种事情的执行是不情愿的，所以这中间根本就没有任何效率可言。

而在这个事情上，你也同样表现出了退缩和软弱。在这两种状况存在的情况下，怎么能出现真正的"罗文"呢？一个自私自利的人，怎么指望他为大家谋福利呢？

在繁重的工作压力下，也许你更需要一位得力的助手，让他为你分担一些看起来是小事但又十分繁重的工作。如果你的公司常常出现晚上或周末加班的情况，那么，这个时候，你的这位得力助手就得开始大显身手了。

如果你没有看错人的话，他应该可以应付其他员工黑夜的困意和对加班不耐烦的态度。

如果你刊登了一则广告，意在招聘录入员，二十名应聘者中就会有十七八名不知道如何分段，也不晓得如何打上标点，但对这些专业性知识的缺乏，他们倒不以为意，好像这与他们并没有什么关系似的。

一位公司的老总告诉我："你的那位出纳啊！唉！怎么说呢……"

"有话尽管说，他怎么了啊？"

"我承认他的确很有才能，但是，他总是在公司待着，长久以来，就不闻世事了。前几次他到我们公司来，把大部分时间都花在问路上了，好不容易找到了我的公司，却忘了自己为何而来了。"

你说这样的人，怎么能委以重任呢？一名优秀的老板总是以身作则，为那些散漫的、不负责任的员工善后，终其一生都是劳累的。在那个"得力助手"出现之前，他必须始终默默奋斗着。

任何企业都在重复着同样的事情，用有才能的人替换无才能的人，解雇没有才能的员工，再雇用有才能的新人。

因此你常常听见有人在抱怨："我又没有工作了，老天不公啊！他们剥削我，当用不着我时又把我解雇……"当然这些话都是说给老板听的，但是我们能说这是老板的错吗？

经济景气的时候，这种现象就一直存在，在经济不景气的时候，这种现象则会更加严重，没有才能的人只有被解雇这一条路可走，这就是"物竞天择，适者生存"的道理。

试想一下，哪位老板不希望身边的员工在关键时刻，能替他"送信给加西亚"呢？

　　如果一个人很在意某样东西，那当他面临将要失去这样东西的时候，就会采取相应的挽救措施去保住它。这个道理当然也适用于工作上。

　　有这样一个人，可以说他很有才干，但是他最终都没能创建自己的事业。他是个很自私的人，从来都不愿意向他人伸出援助之手。而且，他还有很强的猜疑心，不相信老板，不相信同事，他从不要求别人，也不理会别人的要求。可想而知，如果你让他"送信给加西亚"，也许他会毫不客气地说："还是你自己去吧！"

　　那一段时间，这个"有才能"的人为了寻找新的工作而四处奔走，但长时间过去，还是没有任何结果，凡是知道他的人，都不会雇用他，因为他的行为会给整个公司造成很不好的影响，他常常会引起其他职工的不满情绪。

　　不仅如此，他还很不讲道理。如果你想让他记住你，那么你就得用特殊的方法引起他的注意，例如，踢他一脚或骂他几句。

　　这样的人怎么可能会有人赏识呢？他沦落到这种地步究竟值不值得人们同情呢？如果他是值得同情的，那么那些整天努力经营事业、大部分时间都在工作并为他人创造就业机会的人，是不是更值得我们同情呢？

　　他们除了要拼命地工作，还得照顾那些整天无所事事、不知感恩的员工。如果不是他们，这些员工吃饭都成问题了！

　　一个人的成功绝不是偶然，我很欣赏那些为自己的事业而奋斗不息的人。也许你会觉得我说得有点过分了，我也不否认，也许真的太过分了，但是面对这个竞争激烈、生活艰难的社会，我只是表达了一下我对这些成功者的同情。他们勇敢地挑起了生活的重担，而且还在时时地鞭策着他人，他们不但自己成功了，而且还成就了别人。他们这么辛苦，得到的比别人能多多少呢？

比如说我吧，时至今日，我还是每天都带着便当上班，勤勤恳恳地做着我分内的工作。当然，我并不觉得这种生活方式很辛苦，相反，我认为创造财富是最光荣、最有意义的事。

并不是所有的两袖清风都代表行为高尚，同理，并不是所有的老板都是吸血鬼。贫穷无法使我们满足基本的生活需要，而且没有物质上的支撑，我们的能力就会有所限制。

比如说，没有财富，我们就无法在亲人、朋友危难时伸出援手，我们就无法向社会贡献更大的力量。

我很欣赏那些拥有高度自觉性的员工，这样的员工在老板不在的情况下，仍会尽职尽责地做好自己分内的工作。这样的人值得委以重任，而且当你把任务交给他的时候，他也不会问一些十分愚蠢的问题。

这种人无论是在经济景气的时候还是在经济萧条的时候都不会被解雇，并且在别人被解雇的时候，他还会有更大的发展空间。当然，在这个时候，他也不会借机要求你给他加薪。道德正是靠这些人维护的。

这样的人是被大众所喜欢的，无论在哪里，无论从事什么行业，他们都是优秀的和被需要的。世界上所有老板每天都在寻找这样的人。孩子，发挥自己的能力吧，不断地超越自我，力争成为一个被他人需要的人。

你的父亲

约翰·皮尔庞特·摩根

# 第三封　拥有企业家的资质

**亲爱的小约翰：**

还记得我们前不久那次有趣的谈话吗？那是个值得探讨的话题，你想起来了吗？也就是上个星期，你和我在纽约参加丹尼尔的晚宴前，我们所讨论的那个话题。

在谈话过程中，我发现关于企业家方面的问题，你很有自己独特的见解。你对企业家的种种疑问，让当时的我都难以给出一个恰当的答复。前几天，我和一个企业家朋友有过一次谈话。现在，我把他的故事讲给你听。

从哪里开始说起呢？在我辞去普莱斯·豪斯公司会计师一职的前几年，我有幸认识了约翰·伯特先生。当时的我正是风华正茂的年纪，28 岁的我和 50 岁的他就这样认识了。

早在这之前，在一些社交场合中，我就被他的个人魅力深深吸引，或许是因为我从他身上发现了企业家独有的气质吧！不知你是否听说过，有些人只有在他需要钱的时候才工作，约翰·伯特就属于这一类人。

但是，约翰·伯特有着相当聪慧的头脑和非常丰富的知识，他能够全力开发自己的脑力，创造出新的产品，还能够在同一时间提出新的广告宣传方案。

我们认识的时候，他正处在一生中某个暂时隐退的阶段，当然，我能够看得出来，那时候他手上的资金已略显不足了。当我决定见识企业家鲜为人知的另一面时，并不只是要看其表面，更要以长远的眼光去观察其内在。

所以在我认识约翰的时候，我便抓住机会打听出他下次出击的时机，并进一步参与，而他竟然也答应了。或许是他真的喜欢我茶褐色的眼睛及吸引人的笑容吧！要不然我也实在找不出其他原因能让他接受一个经验不足的年轻人了。

当然，也许他认为我会成为他的最佳合作伙伴，从而选择了我，因为当时围绕在他身边的还有好些才智不错的年轻人。就这样，我和约翰走到了一块儿，他具有敏锐的洞察力，无论是大事还是小事，他都不会有丝毫的疏忽和懈怠。

我第一次见识到他的洞察力，是在某天早晨。我与他在蒙特利尔繁华区的一家餐厅里共进早餐时，窗外的人们正赶着上班，有的人迈开大步疾走，有的则挤在小小的公交车中。

约翰总是善于观察的，看到那些拥挤的上班族，他对我说："人们的忙碌通常分为两个阶段，没发薪的时候他们忙于工作，发了薪后他们又忙于寻找消费场所。针对这种情况，如果我们有头脑的话，那么一项新的事业就产生了。我们可以为他们提供更加舒适的服务或者是改良的产品。也就是说，我们可以寻找一种全新的金钱用途。"

约翰的这种敏锐的企业家的眼光深深地感染了我。从那以后，我知道了，要想打开事业的成功之门，就要为人们创造出更好的商品，提供更舒适的服务，无论是小商品还是大商品都是这样。

从此，我在约翰的带领下，正式进入商界，一个被人们称为"创造财富"的世界。约翰去世已是几年后的事了，那时候，我已经可以称得上是一个合格的企业家了。

我们合伙开创的企业，在他去世后，便由他的继承人接管，而当时的我，已经能够独立将这个企业完全购买下来，并且继续经营。当然，在同年龄的企业家当中，我并不是最出色的一个，我也不是一个反应快速、头脑异常聪慧的人。

但是，经过约翰对我特殊的脑力启发和我自己的努力奋斗，我最终有了今天的成就。

先前，我花费了 10 年的时间，经过努力，终于考取了会计师的执照。但是，最终我还是在众多亲人、朋友的否定声中，放弃了这份前途不错的职业，转而投入了约翰·伯特公司。要知道，在当时，该公司的年收入甚低，仅 14 万美元。

在当时，有许多人对我这项决定频频摇头，这些情景仍然历历在目，尤其当时有几家大规模的公司聘请我担任会计审查一职而我拒绝时，在他们看来，这着实是个疯狂的举动。

但如今，有一个充分的证据证明我当时的选择是多么明智。这个证据就是，如今该公司的年营业额已经达到 2500 万美元。

孩子，你知道吗？从字面意思来讲，"企业家"一词有着"企图完成什么"的意味，它的英文单词"entrepreneur"是由法文"entreprendre"演变而来的。

如果你仔细翻阅一下《牛津辞典》，就会发现那里面明确指出企业家的意思为"通过创办或经营企业赚钱的人"。因此，从某种意义上说，一名真正的企业家终其一生都是在不停地奋斗和创造。

企业家不仅需要具有顽强的奋斗精神，还需要有丰富的想象力和创造力。他不会被任何事情所难倒，在他的字典里根本就不存在"办不到"三个字。

当然，在办得到的基础上，他还力求创新，他的思考结果往往是独具匠心的，即便是针对相同的事件，他也能用多种不同的方法完成。而这种别出心裁的不同于标准思考模式的本性，正是一名企业家获得非凡成功的主要原因。

除此之外，企业家还要具有接受新事物的能力。作为企业家，要敢于尝试新的事物，不要畏惧失败。在做事情时，一定要做好思想准备，不要有"万一失败"或者"必须成功"的想法，因为这些想法会影响你做事的心态。

山外有山，人外有人，如果总是认为自己不如别人，因为缺乏自信而不敢去打拼，去竞争，又或者不敢面对竞争后的失败，那么这个世界将失去很多色彩。

企业家还应该善于观察和发现。许多成功不都是来自对生活的细心留意和观察吗？孩子，你好好想想，百货连锁业的成功，也不过是把小小杂货店的经营范围扩大一些而已！

在日常生活中，只靠自己动脑是行不通的，你要集思广益，企业家就是要有这样广阔的胸襟和非凡的胆识。世界之大，聪明之士数不胜数，能够为企业出谋划策的人也不胜枚举，但能将智慧商品化的人却为数不多。

但是，对于一名企业家来说，这种能力就是必不可少的了。企业家善于自我创业，当然他们也有这样的能力，他们能够用自己的智慧在极短的时间内将一种新生事物推销给庞大的消费群体。

优秀的企业家不必是讲究理论者，例如商业幕僚、顾问团等没有存在的必要性。当然在公司倒闭危机中重整旗鼓的洛克菲勒的经营则另当别论。

对于大公司来说，当然不乏众多这样的人：不为人知，一生致力于自己的事业，辛勤劳动，默默耕耘。

像上面所说的，有很多人虽有智慧、有头脑，但是他们无法将其商品化。我的孩子，你听着，爸爸想通过一个有趣的故事给你说明这个道理，我觉得你对这个故事一定会很感兴趣：

在纽约郊区有一家非常出名的热狗店，经营它的是一名和蔼的老人。凭着老人和热狗的知名度，它的生意当然是非常红火。

这家店面上立着一个广告牌，上面写着"天下第一热狗"。这个广告牌非常醒目，远在几公里之外也能够看得到，从而吸引了来来往往的车辆，路人们纷纷停下车，不约而同地来到这里，大概都想见识一下这所谓的"天下第一热狗"吧！

当然，这名老人的热情和微笑也让顾客感到舒适和惬意。当老人与顾客打招呼时，也常常不忘说这样一句话："保证你吃了一个，还想再拿一个！所以，不要开口就只要一个哦，要多拿几个！"

事实也是这样，他的热情和对自己手艺的自信往往在无形之中便使顾客食欲大增，于是顾客都会采纳老人的建议。

当然，老人这里的热狗，口味的确堪称一绝！刚出炉的金黄色面包，加入风味一流的芥末、香脆可口的泡菜、煮得冒着香味的洋葱，再由面带微笑的服务生亲自奉上。顾客此时便再也不怀疑老人的话了，他们对热狗的赞叹之情溢于言表。

当一口下肚后，他们便情不自禁地说："天啊！这里竟有如此美味可口的热狗！"

当顾客要离开时，老人会很有礼节地送他们上车，在挥手再见时不忘加一句："谢谢你们的光临，我的热狗需要你们的支持，希望我们再次在这里见面，店里的自费大学生也都需要你们的帮助。再次感谢你们的到来！"

这样真诚而热情的服务，吸引着远道而来的顾客。这里使他们感到温暖和亲切。

老人有一个儿子，在哈佛念大学，这个儿子一直是老人的骄傲。儿子念的是经济学，并且拿到了经济学博士学位。一天，学业有成的儿子回来看望老父亲。

在用自己的专业眼光对父亲的经营方式进行审视后，儿子有了不同的见解，于是他向父亲提出了自己的一些建议：

爸爸，您应该知道，现在正值经济衰退时期，我们在这个时候应该做的是削减成本，您现在就要听我说了，究竟从哪一方面开始削减呢？

您看，外面的那个广告招牌就不要用了，应该摘下来了，这样可以节省宣传费用。

还有，我们店里也不需要这么多员工，雇用两个就够了。而且您也不用再站在道路两旁浪费时间了，您可以用节省下来的时间到后厨调料。

并且，我们应该从供应商那里进一些便宜的面包和热狗，泡菜也不需要再像以前一样用那么好的原料制作了，至于洋葱，我看根本就不需要再用了。只有这样，我们才能度过这段不景气的时期啊！

数个月后，当儿子再次回来，并向父亲询问生意的情况时，父亲望着道路上飞驰而过的车辆，再看看空无一人的店面，对儿子说："一切都如你所说，儿子啊，现在的经济真是很不景气啊！"

孩子，你能从上面这个故事中领悟到什么吗？如果爸爸没有猜错的话，你从中一定可以看出这样一个事实：毋庸置疑，这名老人本身就是企业家，但他有限的才能阻碍了他事业的发展。

信念是命运的主宰，是成功的基石。对于企业家来说，坚定的信念是必不可少的。人都有积极和消极的情绪，那么，作为企业家，你就要适时地调整自己的情绪，在强大的压力面前，你要能够凭借自己坚定的信念，合理地调节心理承受力。

故事中的老人当然也具备企业家最基本的资质，他能够很好地把握顾客的心理，了解顾客的需求，但令人遗憾的是，他没有足够的勇气坚持自己的信念。只有坚持自己的信念，别人才无法动摇你的事业。

当然，坚持不懈地面对困难和对成功的执着追求也是成为一名企业家必须具备的基本条件。孩子，我还要告诉你的是，企业家的直觉也是至关重要的。在决定企业方针时，如果没有一个可靠的依据的话，那就只能凭着自身的直觉去办事了。

当然，这种直觉的应用也有某种限度，它只适用于某些特定的领域，比如为了迎合消费者的心理需求，从而选择受大众喜爱的商品包装。像媒体广告、宣传策划等，也都可以采取这种方法。

另外，对于广告回函及直销策略的效果，我想企业家们是绝对不会忘记的吧！这些方法造就出大量的富翁。关于这一点，目前拥有石油帝国的洛克菲勒，就是一个很好的例子。

一个企业的决策者，在销售商品时，也离不开行销部门的帮助和支援。在其他公司尚处于休眠状态的情况下，行销部门采取了积极主动的方式进军市场，从而确保了商品的正常流通。

在商品的试销阶段，企业家往往会亲自到试销市场，观察顾客对新产品和服务的态度。即便是得到顾客的否定，企业家也希望自己能亲耳听到。还有些人甚至用录音设备将顾客的反应录制下来，这就为以后研究相关问题提供了依据。

此种行为类似于运动比赛的录影，在回看的过程中求取进步。其实这样做也是有一定原因的，企业家的观察力固然敏锐，但是若想掌握所有的知识似乎也有点不可能，因此，他必须从顾客的反应中寻找依据。

如果你听到的几乎都是顾客的否定声，这个时候你就应拿出企业家所特有的坚强意志，来面对这种困难的处境，而不应该一味地逃避现实。要知道，经验正是从多次失败中总结出来的啊！

企业家不仅要具有坚强的意志、灵活的商业头脑，还要具备准确地衡量风险的特殊能力。我们知道，在生意场上，风险是无处不在的。在经营一桩生意时，即使你已经做了非常精密的计算，同样也有可能遭遇失败。但是，这种风险对于企业家来说，根本不算什么，因为他的乐趣就在于克服困难，战胜风险，他喜欢挑战自己，喜欢追求刺激。

在战胜困难后，企业家不会浪费过多的时间去享受胜利所带来的喜悦，而是在很短的时间内又进入下一轮的挑战中。

企业家那优越于常人的聪明头脑，在分析新计划的风险性时表现得尤为突出。他能够找出引发问题的根源，并集中一切力量去解决它，当然，他也会放眼寻找有力的支援，取得资助，排除万难，从而把风险降至最低限度。如果一种方案在实施过程中出现问题，并且一时无法解决，那么他也能即刻提出一个新方案来取代，这才是真正的企业家。

事情总是在不断地发展变化，因此，针对每一个问题，企业家都会做出多种可行的计划。当一个计划失败了，他会立刻施行另一个新的计划，这样既可以避免方案短缺的事情发生，也能够保证资金的安全。

当然，企业家更会极力避免公司破产、倒闭或是法庭纠纷等情形的发生，如要真的发生了，那么他必须回到以往那种衣不遮体、粗茶淡饭的生活，整日为生计奔波，更别说追求高端的生活了。因此，他必须做到行事小心，处事谨慎。

亚里士多德说过："失败之路比比皆是，成功之道却只有一条……"对于企业家来说，究竟如何才能实现自己的理想，成就自己的事业呢？其实方法有很多。如果他能够正确地判断某个计划所需要投资的资金数量，而这笔资金却超过了他所能承受的数目，那么这样就降低了成功的概率。

一般遇到这种情况，他们多会从以下三种情况中选一种：第一种是筹借资金；第二种是要求大家投资；第三种是如果有人响应，则可以将构思卖给其他人，如果没人响应，则干脆放弃这个计划。因此，作为企业家，你必须有非常准确、果断的决策能力才行。

当然，并不是所有企业家都能够实现自己的理想，这得根据不同企业家的个别特性来说。有些人追求速度，行动过于急躁，却忘了欲速则不达的道理，反而导致计划的失败，这就犯了商家之大忌。

而这些人若是没有充足的资金，在银行那里也无法贷款出来，朋友也都不情愿或没有能力支持他，那么，他也只有从此一蹶不振，日后也许都没有翻身的机会了。

另外，成功的企业家与成功的实业家虽然大致相同，但仍然有着一些显著的区别。比如说，企业家在性格上，往往有着激进、冒险等特征，并且他们不会坚守着一种固定的经营方式不变。但是两者作为成功的商人，都必须了解市场的倾向和满足顾客的需求。如果你能常常接触市场，并对其做出正确的评估，那么胜利最终会属于你的。

企业家通常都是比较喜欢冒险的，不过，冒险很容易变成风险——如果你违反时代潮流的话。真正的企业家是不以物喜，不以己悲的，他不会因外界事物或周围情况的好坏而或喜或悲，也不会因为暂时的成功或失败而满足或哀叹。这正是企业家的可爱与可敬之处。

企业家的个性也是非常重要的。他们无论是在个性上还是在爱好上，都有着自己独特的地方。著名企业家克劳德·霍普金斯曾这样描述他自己的孤独癖好：

相对于资金、事业等大事来说，我经历过一些比其更重要的事件。但是，当这些事情发生时，往往只有我一个人来面对，因此我只能靠我自己，我必须及时为此做出一个决断，而这个决断往往会遭到大众的反对。

当然，在此之前，我也曾付出很多努力，想尝试为这个决断找出一个合理的解释，但是，无论我多么努力，结果都会遭到别人的嘲笑和指责。

后来，我发现了一个现象，我觉得一个总会得到他人称赞的人未必就是个真正的成功者，因为这个世界上根本就不存在完美的人。

从这点来说，我就开始怀疑：当问题关系到自己的一生时，我们真的需要交由社会大众来做决定吗？

克劳德·霍普金斯一生中几次伟大的行动，都是在朋友的嘲笑与反对中完成的。诗人威尔吉鲁斯曾说："命运帮助勇敢者。"

财富和勇气是每个人都想拥有的，但是，在商界，勇气是不可以任意使用的，那种英雄式的投资往往是不被看好的，也得不到什么好的下场。

下面的这首诗是我在几年前收藏起来的，我想你应该还记得吧！这里面包含了企业家所应具备的勇气，就是这首：

人们都在埋头奋斗

而我仰望天空

那里有我的憧憬与梦想

目标仿佛遥不可及

可是我相信

总有一天我会到达理想的殿堂


我为我的目标努力和思考

并积极行动

再寒冷的冬天

也无法阻挠梅花的开放


因为我坚信

人生要面临众多的困难

我会一一解决

再大的艰难

我也毫不退缩、颓废

我要创造不可能的奇迹

我要超越我伟大的先辈

在思想的王国我是如此高大

可是我会脚踏实地地行走

记起来了吧？这是你 12 岁时写的，那时你还处在中学时代。想想吧孩子，你那么小的年纪，就具有了这种独立、自主、乐观的个性。爸爸相信，无论你以后遇到多大的困难，都会勇敢地继续走下去，爸爸为此感到高兴和欣慰。

你的父亲

约翰·皮尔庞特·摩根

# 第四封　不要损害商业信誉

**亲爱的小约翰：**

我的孩子，爸爸从你的报告中得知，你和客户的签约失败了，对此我深感遗憾，但是，爸爸在乎的并不是这个。经过这件事情，我希望你能够从中得到一些启示，而不是一味地沉浸于失败之中。

困难和失败并不可怕，它们是你成功道路上必不可少的风景，也是促使你不断前进的动力。我知道你为了这份契约付出了很多努力，你渴望获得成功，可是结果却出乎意料，我知道这是很令人沮丧的事情。

但是，事情已经发生了，那就让它过去吧！我不希望你因此而记恨对方。因为这样做不但不会给你带来好处，反而还有可能使你蒙受更大的损失。

如果你记恨对方，那么你就会一直处于情绪低迷的状态，这样便使你丧失了以往的豁达和热忱。

其实，失败是常有的事，我相信，在经过一段时间的磨炼后，你就会明白：世界之大，人口之多，但值得你完全信赖的人却没有几个。

俗话说："害人之心不可有，防人之心不可无。"因此，当你与他人接触时，一定要有所防备；与此同时，你还要争取他人的信任。这两者其实并不矛盾，当然，想要做到后者，就需要你的真本事了。

当你与陌生人初次打交道时，一定要尽量打听其背景，达到知彼的程度才行。一个人的背景对他的影响往往是非常深远的，因为大部分人都是依照其固有的习惯行事的。而那些违背游戏规则的人，必定是行骗的老手，抑或伤害过别人的感情。

那些曾在感情上受过伤害的人，他们对待他人或多或少都会存在着怀疑心理，并且这种"视人如敌"的思想已在他们的大脑里根深蒂固了。因此，对待这种客户，你必须付出更多的时间进行探查才行。

另外，售后服务的好坏，对一个公司的信誉有着很大的影响。因此，你必须利用个人的才能，加强对售后服务的管理。客户与公司的直接接触并不多，他们主要是和你个人往来。

如果你的售后服务使他们感到满意，那么他们就会对你产生信赖，进而对公司产生信任。这样他们才会确信契约将顺利履行。当然，一流的员工、高效率的经营方法、优良的设备也是引起对方注意的关键。

孩子，你现在所经历的失败，其实正是为你以后的工作积累经验。日后，当你再次遇到同样的事情时，你就能用恰当的方法将其解决掉。一个真正的勇者，总是善于从失败中总结经验，而不会一味地沉浸于成功的喜悦之中。

其实，这次的失败我们并没有损失什么，难道不是吗？公司的名誉、你自己的信用都没有受到损害。当然，如果这种情况真的发生了，那么作为父亲的我，当然要给予你相应的处罚了。我的小约翰，我想这点你应该是明白的。

你具有对方所没有的诚实品格，对此爸爸感到非常自豪。而像对方这种人，缺乏诚信且没有长远眼光，在商界是很难立足的。而且，缺乏诚信的行为还会导致更为严重的后果。

可想而知，他以后的发展空间是多么狭窄。因此，通过这件事，你要更加注意自己的品格修养，这才是你真正应该在意的。

一个诚实的人，他必定拥有高尚的道德情操。诚实的人，付出诚信，收到的也是诚信，而用诚信所创造的价值是不可估量的！也许你现在并没有发现这隐含的无价之宝，但终有一天，你会理解父亲这个观点的。

在商界，拥有诚实这一品格，无疑是一个人取得成功的必要条件。也许通过毁掉与客户之间的契约，可以让你在短时间内取得成功，赚取金钱，但从长远来看，这就等于是自掘坟墓！

总之，在与他人打交道时，绝对不可以给对方留下不诚实的印象。我知道，这次的事情让你有种被他人欺骗的感觉，你想发泄心中的不满，或许你也想用同样的手段来欺骗他们。孩子，爸爸是不会怪你有这种想法的，我知道这是人之常情，换作是我，也会有这种想法。

但是，我的孩子，你要知道，以同样的方法来伤害别人，希望从中挽回自己失去的自尊心，这是一种多么愚蠢的行为啊！如果你当真这么做的话，你的损失将会更大。

话又说回来，其实在这件事情上，你并没有任何损失，因为那份契约根本就不存在。所以，如果你仅仅是为了契约的失败而生气甚至采取报复手段，那就大可不必了。

也许经过这件事，你认为自己失败了。但是，孩子，我要告诉你的是，"失败"与"暂时受挫"是不同的。人们往往把后者误认为是前者。

其实，这次事情只不过是你成功道路上的一个小插曲。而这种小插曲不仅会使你重新振奋起来，还会帮助你转向其他方向，一个比以前更加明确的方向。因此，它是一份出乎意料的收获。

在你以后的工作中，当你遇到挫折与不幸时，你都要把它当作一种财富，一种用金钱都难买的教训。

这次的经验告诉你，以后在与客户来往时，一定要注意了解对方的人品。这难道不是财富吗？假设这个契约谈成了，那么，你以后就不得不与这种人品低下的人混在一起了！

这是多么可怕的事情啊！所以，我的孩子，这次的不幸，其实就是财富啊！爸爸为你能够得到如此丰厚的财富而感到高兴啊！

你的父亲

约翰·皮尔庞特·摩根

# 第五封　懂得读书的经济价值

**亲爱的小约翰：**

读书是有其经济价值的，读书的目的在于学习。汲取他人的经验，学习他人的长处，这才是一个聪明人的读书方法。

人们只有在不断犯错的过程中，才能够积累更多的办事经验。但是，人的一生是有限的，你不可能在这有限的时间内体会到所有的过失。因此，你就要不断地从他人的错误当中汲取经验，以增强自己的处事能力。

任何事物都在不停地发展变化，但企业经营中的各种决策，似乎总是在不断地重复着，而且，这些知识在书本上都可以学到。因此，只要你能够花费一些时间去读书，那么，与同龄人相比，在事业上，你就有了更高的起点。

我们仿佛每天都在接触很多新的东西，但是，其实很多都是重复的。我认为，在这个世界上，新的东西并不多，人的一生大部分时间都在重复，有一本书最能证明这一点了，那就是《巴德雷特的常用句集锦》，它网罗了古今大部分思想。

在众多的名言里，你一定听过霍美罗斯在公元前 700 年左右说过的话：

> 儿子很少和父亲一样，几乎都比父亲差，青出于蓝者是极少数。

差不多在公元前 500 年，中国伟大的思想家孔子也曾说过，择友要慎重，勿交损友。

这里的"损友"指的就是比自己差的朋友。在公元前 550 年，古希腊著名的哲学家伊索也曾说过：

> 无知者可悲，不知自己无知的人更可悲。

该书流传了好几个世纪，把先知们的思想和主张传达给我们，至今盛行。

历史的车轮在前进，而我们每一个人都生活在它的某一个点上。人们都在按照自己的习惯生活着，当然这些名人也不例外。如果我们通过阅读，从中了解到这些思想家曾经有过的想法与烦恼，那么，与之相比，我们所遇到的问题就不值一提了。至少，我们可以从中总结前人的处事经验，使我们的问题简单化。

书籍给人智慧。这么多年来，我始终保持着读书的习惯。读书使人聪慧、睿智，读书能够净化人的灵魂，读书使我们的人生更加充实。在这个闭塞的小社会中，期望不能太高，也不能丢弃希望。既然如此，我们只有通过读书去认识外面的大世界。

多少人匆匆走过一生，却只是徒劳。人生何其短暂，在这有限的时间里，我们何不抓紧时间去阅读呢？对人生的理解、对事物的认识、对知识的渴望、对智慧的需求等都需要通过读书来实现。重视读书吧！我的孩子，你的人生会因此而闪光。

当然，读书很重要，读好书更重要。有些人也很喜欢看书，并且看了很多书，但是那些书全部属于小说类。当然，小说也不是毫无价值的，它可以用来消遣，以便打发那些无聊或闲暇的时间。但是，一生的时光匆匆而逝，我们哪里有那么多无聊或闲暇的时间啊！

有人认为，读小说不费脑子，比较轻松。他们甚至把其他书看成沉重的包袱，就算是读，也只是应付了事。在读书的时候，他们看起来是那么痛苦。这个复杂的世界，需要学习的东西太多了，我们岂能把宝贵的时间浪费在看小说上？

对我来说，那些专业方面的书籍与小说一样能够使人轻松。孩子，抓紧时间吧！时间是无情的，时间也是宝贵的，不要让它白白地流走啊！世界上有好多好多的事情比看小说更有意义，利用好自己的时间吧！让自己的人生更加充实吧！

有人认为，知识需要超越经验的局限，人类的知识不能仅限于经验的范畴内循环。对此，我表示完全认可。然而，我还有自己的见解，我认为借助他人的经验同样可以帮助我们拓宽视野。

例如美国总统亚伯拉罕·林肯的经历，当他一心渴望做总统时，却遭到了别人的反对与批评，在缺乏经验的情况下，他仍旧信心十足，最终靠他的坚强和努力实现了自己的理想。

在他只有 14 岁的时候，他就把图书馆中的藏书全部看完了，书中有伟大的人物，有成功的典范，是书籍给了他智慧和经验。他通过读书经历了从未经历过的各种挑战。

使人收获最多、最有趣的书就非历史类书籍莫属了。它里面有历代伟人的睿智，有中国孔子的思想，有《圣经》中的经典故事，有伟大的英雄人物，还有很多经历了挫折后取得成功的例子。

如果你读过历史，就会发现，与前人相比，我们大多数人所吃过的苦、所付出的努力简直是微不足道的。

但是，话又说回来，在通往成功的道路上，我们必须跨出人生的第一步，还要给自己的人生之旅画上一个完美的句号。我的孩子，看一本有价值的书吧！让它引导你朝着正确的方向前进。

读书使我们告别空想，让我们能够真真切切地体会他人在面对挑战时所付出的努力。读书，不仅拓宽了我们的视野、丰富了我们的思想，还激励着我们，让我们对美好生活充满憧憬。当我们不认真对待生活时，它还会提醒我们时间的宝贵。

另外，大凡成功者，都渴望在平常之中探寻不平常之路，这可以说是成功者的共同特征之一。作为企业家，你就要敢于去尝试，去挑战，去做他人不敢做的事情。

犯错是在所难免的，连圣人都有犯错的时候，更何况我们这些凡人了。我每次行事时所做的决定，不仅得不到朋友的支持，还会遭到他们的批评。

我也知道，他们都是全心全意地为我考虑，他们认为我的做法冒险，成功的概率很小。当然，他们的这些劝告对我有很大的帮助，我也会列入考虑范围。

只是，我还是习惯坚持自己的处事原则。我还记得在我取得会计师资格证后竟为了进入一家小公司而辞去大企业的职位时，朋友们的惊讶与不解。但再看看如今我的事业，这就充分证明了我当时的选择是正确的。

历史是人类的历史，是由人类创造并以人为主题的。每一本书都代表了人类的思想。孩子，如果你想磨炼自己的经营手段，那么你最好是博览群书，汲取人类思想的精华，因为"书中自有黄金屋"嘛。

书是人类智慧的结晶，多读书，读好书，这有利于你提高自身的经营水平。当然，作为企业家，你也需要有选择地读书，关于经济方面的书籍，你可以去请教你的大学教授，他们肯定可以告诉你很多关于这方面的最新信息。

例如，他们会告诉你最近又出版了哪些好书，哪本书最有经济价值。老师是专门传授知识的，根据我的经验，我相信他们会很乐意为你讲解的。孩子，多去请教你的老师吧！爸爸希望你能够记住，要多读书，多涉猎。不读书或少读书都会使你的思想受到限制。爸爸相信你一定是个爱读书的好孩子。

你的父亲

约翰·皮尔庞特·摩根

# 第六封　学会结交行业朋友

**亲爱的小约翰：**

　　我的孩子，如何交朋友是一个很重要的问题，因此，在这方面，我需要向你多说一些。在人的一生当中，朋友对自己的影响是非常大的。有时候，这种影响关系到你事业上的成败。

　　友谊产生于相遇。人的本性是善良的，在交往中，我们也许会被一些人的善意所感动，于是产生了友谊。当然，有时候也会有一些不尽如人意的事情发生。当一个人被你的某种气质所吸引时，他会想和你交朋友，而你却对他丝毫不感兴趣，而出于礼貌，你又不能当众拒绝，这确实是一件令人头疼的事。

　　但是，我的孩子，如果那个人只是单纯想和你交朋友，那么就原谅他的冒失吧，毕竟，他只是想和你有一些如朋友般的亲密接触罢了，并没有什么不良的企图。

　　情感联结的关键在于互相了解。家庭关系有三种：一种是夫妻关系，一种是同子女的关系，最后一种是你与父母及亲戚之间的关系。维护好同子女的关系是非常重要的，爸爸相信你一定能够做到。你与亲戚之间的关系也非常重要，你必须好好培养。

我之所以会一再强调，是因为在这个世界上，有好多因丧失了这些情谊而产生的无法挽回的悲剧。这是最亲密、最珍贵的情谊，它需要我们用心去培养，当然，家人以外的情谊更应如此。

从某种程度上说，友谊与事业关系密切，若换个角度看，它们之间又没有必然的联系。我们也可以这样说，友谊与金钱之间总是有种互相依存的关系。

进入商界，你就有机会接触各个行业中形形色色的人了。他们都是这个社会中具有代表性的人物，有交易对象、客户、从业人员、政府官员，还有那些在工作以外见到的人，如生活在你周围的邻居、商店的店员、健身房的会员及跑步时的伙伴等。在这么多人之中，虽然没有多少能够成为你的挚友，但至少大家相识一场，也可以称得上是朋友。

有这么一句话："一天不交新朋友，就相当于少活了一天。"我觉得确实如此。结交新朋友的途径多种多样，我们每天都会与各行各业的人来往、相处，彼此之间一个微笑或者一次闲聊，或许也就自然而然地相识了。

当然，相识的过程中自己一定要有诚意。比如你和他相识了，你们相约一起吃饭，这时候你不可言而无信，否则，你不但没有交到新朋友，反而给人留下了一个不好的印象。

中国的大圣人孔子曾说："无友不如己者。"这就告诉我们，在选择朋友的时候，我们应该结交那些至少与自己有着同样内涵或修养的人，或是素质才干比自己更高、更出色的人。中国还有句古话："近朱者赤，近墨者黑。"只有在积极向上的朋友圈里互相交往、互相熏陶，彼此才能够共同进步、协同发展，不断地完善自我、丰富自我。

当你结交了比自己更出色的贤能之士时，你会感到万分荣幸，会很尊敬他、仰慕他、喜欢他，同时他也将心比心，将你视为难得的知己。在这个世界上，还有什么比真挚的友谊更可贵、更值得我们高兴的呢？

无论是工作还是生活，都需要我们灵活、充分地发挥自己的聪明才智。我们总会遇到这样或那样的问题，而一时间自己也找不到比较理想的答案或解决技巧，怎么办呢？

这个时候不妨向朋友们讨教讨教，也许他们的分析和建议无形之中给了你一把打开智慧之门的金钥匙，从而使得许多生活与工作上的难题迎刃而解。可见，要想打开智慧之门，除了读书之外，还可以从结交的朋友那里得到启示。

江海沉浮，世事难料。虽然我们每一个人都希望万事如意，但现实中还是难免有失意的时候。尽管如此，你也不必垂头丧气。当你事事如意的时候，朋友会祝贺你，并同你一起分享成功的喜悦；当你失意的时候，朋友也会安慰你，和你一起分担失意的痛苦。亲爱的小约翰，你可曾想起威廉·欧斯拉特的那句至理名言："青年人追求幸福的历程中，友谊的帮助是不可缺少的一环。"

我觉得可以共患难的朋友不少，但能够共享成功的朋友就没几个了。朋友并不仅仅是你悲伤就陪你一起掉眼泪的人，我觉得真正的知心朋友应该是会为你取得成功而感到高兴，并且时时刻刻都在鼓励你、支持你的人。

无论工作还是生活中，你获得了成功，而你的朋友却失败了，可你的朋友却依然真诚地为你的成功而祝贺，这样的朋友是多么难能可贵的啊！因为许多人是无法容忍身边的人超越自己的——无论关系有多么亲密。所谓故交也好，夫妻也好，也常常会因为你成功我失败的巨大反差而闹翻的。那些泛泛之交就更不用说了。

知心朋友是千金难买的。那些有文化、有内涵、有修养、有才华、有幽默感、有亲和力的人，往往是人人都会选择交往的对象，这样的朋友是非常难得的。知足常乐，你一生当中能够拥有四五个知心朋友已经是非常幸福的了。难道不是吗？人生得一知己足矣！

结识了好朋友就应该好好珍惜，怎样才能让友谊长存呢？这没有标准答案。在我看来，绝大部分朋友都有着相似的好恶，都有着忠诚守信、重情重义的品行与修养。彼此有了这些共通之处，友谊才会长久。

既然是朋友，就应该互相关心、互相照顾，要主动关心朋友、帮助朋友。当朋友不开心的时候，应该多安慰他；当朋友寂寞的时候，应该多陪陪他。人在伤感的时候都是脆弱的，很多时候，因为你的一句安慰、一番鼓励，他就能够坚强起来。

虽然彼此的爱好不一定相同，但是安慰的话语让两颗心相连。这样，我们是不是可以增进朋友间的信任并使友谊更长久呢？

当然，我们都知道这个世界上没有两片完全一样的叶子，每个人都是富有个性的。所以我们要学会包容，在彼此的交往中，我们需要以宽广的胸怀包容朋友，理解朋友，友谊才能长存。相识相知就是一种缘分，真挚的友谊来之不易，我们应该好好珍惜。

友谊如花，所以它也渴望雨露的滋润。为了友谊之花常开不败，孩子，你要以你温暖的双手，拿出一定的时间去关心朋友、问候朋友。虽然只是一通简单的电话、一句普通的问候，但足以表达你对朋友的关怀。只有这样，友谊才能长久。

总的来说，友谊是需要培养的。就好比牧场上的栅栏，只有时常维护它，它才能经久不衰，稍微疏忽则会淡化消散。这个世界千变万化，我们不可能孤独无助地活着。在我们身边，机智聪明的人很多，他们都值得我们去认识、去结交。只有不断地结交新朋友才可以更好地充实自己、丰富自己。

朋友与朋友之间，各有各的观点。即使是最好的朋友，观点也不一定相同。我和朋友讨论问题的时候虽然看法不一致，但也从不因为见解不一而心情不愉快。所以我觉得，观点相同与否并不是结交朋友的关键，关键在于是否尊重对方的想法。当然，你也可以在结识新朋友的时候与之交换个人心得，从而丰富你的思想，调整你的人生观和价值观。

在你的一生当中，一定会遇到几位让你刻骨铭心的知心朋友。

在你扬扬得意的时候，你可以向他们炫耀你的成就与辉煌；在你失落的时候，你可以向他们诉说你内心的苦恼与酸楚；在你困难的时候，你可以向他们寻求许许多多的帮助。

我希望，你能够好好珍惜这样的知己！只有他们在你失魂落魄的时候能给你真实的安慰，只有他们在你做出重大抉择的时候能够给你真知灼见。我的孩子，在家里，我是你父亲，但在工作和学习当中，希望你能把我视为你的知己和朋友。你得意之时，可以向我炫耀你的成功；你失意之时，我也会鼓励你、支持你。

你的父亲

约翰·皮尔庞特·摩根

# 第七封　慎重对待自己的婚姻

**亲爱的小约翰：**

　　孩子，你也该有个自己的家庭了，身为你的父亲，我很关心你的终身大事。我与你的母亲都希望你的婚姻能够幸福美满。孩子，我不知道你到底是怎么想的，每一次与你约会的对象都是不一样的，以至于我早已经不记得她们的模样了，我真不知道你到底喜欢的是哪一个。

　　那天，你突然感叹地对我说："我好像也该结婚了。"这话让我很是疑惑不解。我不知道你到底想什么时候结婚，是现在，还是明天，还是明天的明天？我很想了解你可靠的结婚计划。

　　你突然抛出这样一句话，对于我来说就好像是个哑雷似的，它虽然没有爆炸，但也足以让我深感不安。你好像该结婚了，为什么是"好像"呢？这话是不是含糊其辞？难道你看到别人结婚后，你也想结婚了吗？难道结婚是流行感冒，传染给你了，你也患上了吗？

马丁·路莎说："再没有比一桩幸福的婚姻更美好、更充满温情与魅力的事了。"你老爸我是个过来人了，这话我是深有感触的。

我的孩子，身为你的父亲，我不得不忠告你：婚姻绝非儿戏。一旦做出错误或草率的决定，随之而来的便将是离婚，以及精神上的折磨与痛苦，而更使你难以想象的是家产的锐减！这样的后果，用"人财两空"来形容也绝不为过。

也许在将来你为人父母的时候，你就会明白现在我对你的情感了。你可知道，一旦离婚，所有人的心中都会留下一道难以愈合的巨大伤口！特别是你的子女，他们幼小的心灵从此就会蒙上一层不可消除的阴影！

我们身为企业家，就应该有投资头脑。婚姻也是人生当中的一笔重要投资。这笔投资做好了可以得到源源不断的、不可替代的巨额收益，因为幸福婚姻是人生的重要支柱。

但是要是搞砸了，损失将无法估量！因为不幸的婚姻所带来的损失将是非常可怕的，为了结束一段不幸的婚姻，经常要牺牲半数的财产，这还没完，还有高额的抚养费、赡养费，精神上还得承受着没日没夜的摧残与折磨。

现在的年轻人总是很草率，似乎不把婚姻当回事。两口子动不动就恶语相向："既然过不下去，就离婚算了！"本是一个可以通过努力来维护的家庭，就这样一拍两散了，多么让人痛感惋惜啊！我真的不敢想象，离婚后所带来的痛苦将是一种怎样的煎熬啊！

其实婚姻是美好的，许多人的婚姻都是幸福美满的，夫妻恩爱，家庭和睦。为什么一样的环境，一样的婚龄、年龄，有些婚姻很幸福而有些却非常不幸呢？这与对待婚姻的态度是密不可分的，有些人一开始便十分谨慎，而有些人则十分随意，这就造成了两种截然不同的结果。

许多人在恋爱的时候相亲相爱，互相了解、互相信任，在恋爱中不断地升华两人的感情，最终以坚定的信念手牵着手、心连着心迈进了婚姻殿堂。

使我感到庆幸的是，你继承了我相当多的优点。总的来说，你的品行还是不错的啊！希望你也能像我当年一样，在自己的婚姻大事上做出相当出色的规划与投资。

我不知道你喜欢什么样的女孩，当然，你喜欢什么样的女孩我都不会介意，也无权干涉。爱你所爱，求你所求，只要是你真心喜欢的就好。

两个人走到一起以后，无论发生什么事，遇到什么困难，都要互相关心、互相谅解，都要同甘苦、共患难。倘若你们坚贞的爱情以婚姻的方式缔结了下来，那就好好爱惜吧！

哦！对了，我的孩子，还有一点我还没有跟你说呢，那就是不要对自己身边的有夫之妇暗地里有什么非分之想：如我要是能和她结婚就好了。你应该避免产生这种念头。

在寻觅另一半的时候，你应该尽可能全面地去了解对方，可以通过各方面的细心观察。就算你觉得她已经很不错了，你也应该仔细想想：除了她，我还可以找到更好的"投资对象"吗？别忘了"婚前要睁大眼睛，婚后要睁一只眼闭一只眼"这句话。

如果你在"投资调查"中发现了一个更好的"项目"，你就应该想起"懦弱绝不能掠获美人心"这句至理名言。我有一些经验可以传授给你：想要让她向你"表白"，不仅要打动她的芳心，还要想想办法，步步为营，从长计议。也许她早已让你走火入魔、心神不定、坐卧难宁，或是无缘无故茶不思、饭不想、睡不着了，你可能痴痴地想她但又羞于"表白"。当你的心脏在胸口狂蹦乱跳时，也正是命运捉弄你的绝佳时机。

可是，孩子，你要记住，在你没有足够的把握之前，与其心慌意乱，还不如泰然处之，唯有这样才是最理智的。一个成熟稳重的男人，往往是女人心中的白马王子。你要记住，当一个女人想与你交往的时候，要是你不想赴约，就好好向人家说声"再见"。

在你完成婚姻的投资以后，你有必要重新制作一张时间表，让你的工作和家庭达到平衡，只顾工作不顾家庭是不可取的，重视家庭而忽略了工作也是万万不可的。我想我应该现在就提醒你，尽管没有工作就没有金钱，但你也不要蜜月刚过就拼命地工作。

我的孩子，如果我所说的这一切你都能够很好地理解，并且能够以实际行动加以实践的话，我也就安心了，因为你将会在爱与幸福的簇拥下，迈进甜蜜美满的婚姻殿堂。

　　我的孩子，我们庞大而又恢宏的资产与事业以后就寄托在你的身上了，希望你能够继承并加以发展和壮大。所以，你的婚姻在某种意义上来说，不仅仅是关系到你个人的问题，更是关系到我们整个家族的前途与未来啊！

你的父亲

约翰·皮尔庞特·摩根

# 第八封　养成良好的生活习惯

**亲爱的小约翰：**

任何人都要关注自己身体的健康，但在很多时候，我们都忽略了，直到重病缠身，才后悔莫及。人们对于拥有健康的身体，已经习以为常了。

许多年轻人都在透支自己的体力和脑力，每天都太忙碌、太劳累了。身体现在还好的人从不爱惜自己的身体。我们都知道身体的健康是十分重要的，可是很多人都不重视身体的健康。

损害身体健康的事有许多，在我们的生活当中就潜伏着许多危害健康的杀手。以抽烟为例，如果一个小时之内你抽了两根或两根以上的香烟，大量的尼古丁、焦油就会滞留在你的肺和血液当中，你应该知道这危害有多大吧！

我们生活在城市里，呼吸着混合了各种各样有害气体与浮尘的空气。为什么如今怪病层出不穷呢？就是因为我们生活在到处都是污染的城市里。

饮食方面，我们往往图个痛快，大吃大喝，溺爱自己的嘴巴，吃太多油腻、高甜、刺激的食物，比如汉堡、点心饼干之类。这些食物美味诱人，似乎可以百吃不厌。人们在享受这些食物的美味之时，往往没有意识到其潜在的危害。

我们人体的循环系统是以心脏为中心的，只要你还活着，各个器官每天都要分担许多工作，少不了分解香烟，也少不了分解洋芋片，说不定今天还要分解好几瓶啤酒或者威士忌。就像许多烟鬼，睡觉前总免不了要抽上一支香烟。

并不是每个人每天都这样极端地生活着，其实我们谁都明白，经常吸烟、酗酒实际上就等于是在慢性自杀。大麻、海洛因等毒品将人推向死亡的边沿。好的行为和爱好是越多越好，但上述的坏习惯、坏行为，只要沾染一项就够糟糕的了。

我的孩子，你不要讨厌我唠唠叨叨，请你耐心地听我说。生活的压力虽然会给我们带来许多苦恼与烦躁，但其实自从我们人类诞生的那一天起，生活的压力就已经存在了。

压力并不是现代社会才有的，生活在还没有房子也没有服饰的原始时期的人，他们生存的压力也绝不比我们现代人轻松，他们也面临着许多压力：有饥寒交迫，也有疾病缠身；有猛兽侵扰，也有天灾人祸。

许多科学家都在研究"压力"这一课题，经过大量的研究和分析，他们认为压力会引发许多疾病，虽然也有一些对人有利的压力，能对人的身心起到一定的积极作用，但不良压力对人的健康危害是非常大的。

很多不良的嗜好都是疾病的罪魁祸首，比如吸烟、喝酒、食用有害食物等，维持健康对许多人来说都不是一件易事。

维持健康首先要有良好的生活习惯，许多生活习惯不是与生俱来的，而是慢慢养成的，这就需要我们自己具有很强的自控能力。

只有这样，才能杜绝不良习惯，养成良好习惯。你现在还年轻，我希望你能够重视自己的身体。

一家人寿保险公司曾经在做调查的时候发现，相当多活到百岁以上的人，无论是工作还是娱乐，都是适可而止的。这就告诉我们，无论做什么事情都不可过度。

虽然程度不同，但我们每个人都有压力。其实压力也并不是不可以抗拒的，很多时候你也可以将生活的压力转化为工作的动力。

如果压力让你喘不过气来，你也可以求助心理学家或者心理医生，他们有着一整套缓解压力的专业理论，可以给你提供卓有成效的帮助。孩子，如果有必要，我建议你去试一试。

我们在懂得如何面对压力的同时，也应该懂得适当地放松自己，别让自己太紧张。当你的神经放松了，你大脑的思维才会活跃起来，在处理各种各样的问题时你才能更好地发挥自己的才智。

在处理问题的时候，必须先摒除大脑当中的一切杂念，清醒与平静的时候才能够处理问题。我们的大脑很多时候都是闲着的，它不像手脚、心脏天天在工作，所以大脑有时可能很迟钝，它的潜能得不到充分的发挥。

放松可以使自己保持良好的状态，让自己活力充沛。放松的方式有很多，可以是身体的放松，也可以是精神上的放松。比如出去活动活动，散散步，吹吹风，再比如自己一个人沉思、冥想，或是自我催眠。

总之，你可以找出能使自己得到放松的合适方式，并做适时的训练或练习。只要你能从中找到一个可以使你头脑保持清醒的最佳方式，无论压力有多大、工作有多复杂，你都能够出色地完成。

刚开始的时候，你可能需要专家的指导，但坚持一段时间之后，你就会发现，原来放松自己、解除压力的方法这么简单。其实，如果我们人人都能寻找到这样的生活方式，烟酒、咖啡因之类的销量一定会大为减少，我们身边的每个人都会变得健康而富有活力。

每个人都可以自由选择自己的精神生活。孩子，我想问问：你想拥有怎样的人生呢？要如何去生活呢？这些都是你自己选择的。我为你提供三种选择的方法：第一种是无视自己的精神压力，第二种是面对压力而叹息，第三种是面对压力做出适当的决策。

你要怎样去选择，这都是你的自由。即使是有责任地选择，你也是自由的。面对责任，你可以选择接受，也可以选择逃避，很多时候连道德观也不会强迫你。

但是，孩子，我用我的社会阅历告诉你，在这个世界上，敢于承担责任的人可以过得幸福快乐，而那些逃避责任的人，虽然也是过自己的生活，但无论是现在还是过去，他始终都是老样子。

其实，你也应该明白，在这个世界上，每个人都不应该只为自己而活。本杰明·迪斯雷利曾说：

国民的健康才是国民幸福及一切力量的基础。

是的，我也认为，健康是一切幸福的基础。所以，我们每个人首先必须健康才能够更好地创造幸福和享有幸福。因此，我希望你能尽量参加关于压力的研究会，如果你能够接受我的这一建议，我想，你的身体说不定能够年轻20岁！希波克拉底说过：

智者视健康为人类最大的福祉。

我们要珍惜这样的福祉，你说对不对？我的孩子。

我以前是以这样的方式缓解压力的：我喜欢观察自己身边的人，把他们的性格、优点，特别是我比较欣赏的方面记录下来，之后不停地研究、模仿。

比如我欣赏幽默的口才、超常的耐心、勇于挑战、有责任感、有勇气等，我希望我也能够拥有这些品行或者优点。

每个人都有自己的习惯，很多行为或心理也是出于习惯性而产生的，比如紧张，比如放松。习惯有好有坏，我们要继续保持好习惯，努力克服坏习惯。如果我们想养成良好的放松习惯，该怎么做呢？

应从思想入手，也就是从我们的神经开始。其实，我们说的放松，应该是从肌肉开始的，这是我从一些相关的著作里了解到的，具体怎么做呢？

先从眼睛开始，把头往后仰，闭目养神，之后默默地对自己说：放松！放松！放松！不要紧张！不要紧张！不要皱眉头……放松……放松……

就这样不断地重复，其实，无须我再细说，相信你已经找到了减轻压力的药方：让自己的精神放松，让自己进入美好的遐想当中；以平静的心态单独地研究每一个问题，尽可能地排除那些对自己不利的压力，这样就可以达到减轻压力的效果。

面对压力，我们每个人都有自己的好方法。当压力重重、工作繁忙的时候，我不会没日没夜地盲目工作，相反，我会严格按照合理的工作时间及工作量去工作，这样才能达到很好的效果。

就像我们要去垂钓的时候，我们应该远离喧闹的人群，到安静的湖边去垂钓，平静、耐心地等待鱼儿的上钩。

　　我的孩子，每天都健康自由地生活和工作，你会觉得舒适、愉快、幸福，恐怕连古代的君王都要羡慕你了啊！

你的父亲

约翰·皮尔庞特·摩根

# 第九封　学会有效地利用时间

**亲爱的小约翰：**

今天我有一点空暇，但我不想让自己把这点时间白白浪费了，所以给你写了这封信，和你探讨一下怎样有效利用时间。

最近，在个人问题上，你花了不少时间吧？但效果却并不怎么理想。你浪费了这么多时间，我真的深感痛惜。也许你并不是在有意浪费时间，只是你对时间的充分利用缺乏合理有效的规划，是吗？我的孩子。

时间就是生命，若要珍惜生命就要珍惜时间。时间是我们取得成功的必要条件，也是非常有限的资本，所以我们要争分夺秒，绝不可以浪费时间。因此，要成为一名有作为的企业家，你就要从珍惜时间做起。

一天只有 24 小时，不会多也绝不会少。时间就是金钱，如果一天的 24 小时没有好好利用，这一天我们就要亏本了，我们绝不能做赔本的买卖。

古往今来，没有一个事业辉煌的成功人士不懂得珍惜时间和合理地分配时间。许多平庸之辈往往会在这儿浪费几分几秒，在那儿浪费几个小时，然后他们还觉得就好像度日如年一样。

他们根本就没有意识到，日积月累中，他们已经浪费了大半辈子的时间。我希望这个问题能引起你的警觉与思考。

也许生活或命运都是不公平的，但时间对待我们每个人是绝对公平的。为什么有些人年纪轻轻就已经家财万贯，而有些人年过半百了还是一贫如洗？别的因素我们暂且不说，最关键的是，看谁能更好地把握自己生命中最宝贵的财富——时间。

你千万别忘了，珍惜时间就是珍惜生命。所有成功的企业家都知道这么一个真理：在单位时间内不断地提高效率。所以，我们要珍惜时间，闲暇时间也要充分地利用起来。

工作上要争分夺秒、勤勤恳恳。对时间的安排一定要认认真真、合理有效。不能无缘无故地浪费一分一秒，更不能在无聊的事情上浪费一分一秒。

节约的观念非常重要，对待时间也是如此。时间如流水永不停，也永不复返，时间每时每刻都在蒸发，它不为我们的意愿所停留。时间不是原野上的小草"春风吹又生"，时间过去了就是过去了，时间无法提前到来，也无法失而复得。

青春有限，岁月无情。我们也许会留恋时光，但时光从不留恋我们，它对我们每个人每件事都是毫不留情的。所以我们必须在它消逝之前利用它创造出更高的价值。

在单位时间里对时间的利用程度，就是时间的利用效率。时间的利用效率越高，你一生所创造的财富也就越多。时间是在珍惜一分一秒中得来的，人的一生也是在一点一滴中积累起来的。

我的孩子，你也已经长大成人了，不应该觉得太阳下山还是一件很漫长的事情。其实一天的时间是很短暂的，人的一生也是如此。一般来说，我们能够活到 80 岁就不错了。

而这 80 年里可以精力充沛地工作的时间也就是 40 年，大概只有 9600 个工作日，约 23 万个小时，减去吃饭睡觉的时间，大约还有 13 万个小时。

可见，我们一生的工作时间也不是很多。我们一生的价值能有多大，就取决于我们对这 13 万个小时的利用程度了。如果我们一生当中创造了比别人更多的财富，那么我们的一生就是成功的一生。

人的一生是短暂的，短暂的一生经不起浪费。你要实现自己的理想，继承并发扬我们的事业，就必须懂得"时间就是金钱，效率就是生命"的深刻含义。

每个星期我们都有休息的时候，这些空闲的时间，你都用来做什么呢？有人利用这些时间去给自己充电，有人去结交朋友，有人去从事业余的兴趣爱好，还有人用这段时间总结、反思刚过去的一个星期的工作……

我说了那么多，珍惜时间的必要性与重要性你应该懂得了。我想你不懂得的，应该是珍惜时间的方法吧！

首先，要注意集中时间，不要用平均的思维去分配时间。工作上的事情，有重要的也有没有必要马上去做的，你要集中有限的时间去做最重要的事情。那些不重要的或者没有必要的，你应该稍后再做或者不做，这一点你必须学会。

你不要大事小事都混在一起瞎忙乎。每遇到一件事，你至少应该想一想：这件事情值不值得我去花费时间呢？我需要花多长时间才能把这件事情做完？不要一有事情就做，也不要在某一件事情上花费太多时间。

其次，要注意把握时机。今天的事情今天做，不要错过做这件事情的最好时机，机不可失，时不再来。只有把握好时机，你才能够以最短的时间、最低的成本取得最大的成功。

其实你也应该知道，牵一发而动全身，只有把握好时机你才能促使事情往更好的方向转变。

如果错失良机，你会感慨煮熟的鸭子飞了，在此之前所有的努力都付诸东流了。这种"一着不慎，满盘皆输"的后果是很惨痛的，我希望你以后不要犯这样的错误。

因此，我希望你能够学会审时度势，抓住时机，把握关键，能够做到恰到好处，赢得精彩人生。

最后，要善于协调两类时间：一是自己可以自由支配的时间，也就是"自由时间"；二是属于应对或处理他人他事的时间，也可以称之为"应对时间"。

这两类时间都是客观存在的，相辅相成，缺一不可。没有"自由时间"，你就完全处于被动，做什么都是应对状态。不会支配自己时间的人是不配成为一名优秀的管理者、领导者的。

当然，你想要绝对地控制自己的时间也是不可能的，你过于自由，别人也就因你而不自由了。许多事情别人都需要你的合作或者协调，而你自由得让人无法协调，无法把工作做下去，这就是你的过错了。

时间很多时候都是分散的，你要懂得利用这些零散的时间。你可以利用零散的时间去做零碎的活儿，而不要占用工作的时间去做。

我的孩子，我想特别提醒你的是，会议的时间要充分利用。召开一次会议是不容易的，需要花费人力、物力，会议是为了沟通信息、讨论问题、安排工作、协调意见、做出决定，在有限的时间内把会议开好了，就能够极大地提高工作效率，如果会议时间运用不好，不仅会降低工作效率，还会浪费大家的时间。

你的父亲

约翰·皮尔庞特·摩根

# 第十封　要不断汲取经验

**亲爱的小约翰：**

你最近的表现非常不错，我的孩子！我很为你感到高兴啊！你工作非常努力，这是有目共睹的。你身为我的儿子，却完全没有半点纨绔子弟的陋习，恰恰相反，你做出了常人难以完成的好业绩，所以你将被提升为销售部经理。

希望你充分发挥你的聪明才智，再接再厉，切莫骄傲自满、不思进取。你还是个学生的时候，你的学习成绩就很棒，如今你的工作态度很认真，也很负责，业绩也卓有成效。更可喜的是，你能把在学校里学到的丰富知识运用到实际工作中来，这些都足以证明你是个很有天赋的人。

你取得了一定的业绩并不代表你就是个成功人士了。逆水行舟，不进则退。而今你已经到了一个新的岗位，一个领导管理的岗位，你要谦虚地向自己身边的人请教，多汲取老同事、老前辈们的宝贵经验。

人是活到老学到老的，你要经常尝试并接受新的事物、新的挑战，并且从中积累经验、总结教训，时刻都要小心谨慎而充满自信。

当你感到你对这件事情没有足够的经验和把握的时候，你应该怎么办呢？其实你也不要着急，你应该知道而且你必须知道，即使缺乏经验、没有足够的把握，也并不见得你的聪明才干就得不到发挥，也并不见得你就不能把事情做好。其实即使是在这样的情况下你也能把事情做好。

这就需要你能够冷静地分析问题，把复杂的问题梳理得清清楚楚。就好比打仗，你面对一批敌军，首先要做的是收集他们的各种情报，不断地分析核实，了解他们，全面掌握他们的一举一动。知己知彼，方能百战百胜。

在没有了解真实情况之前，千万不可鲁莽行事！你要仔细掂量掂量，目前掌握的资料有多少，这些资料是否真实可靠，还有没有你遗漏或者考虑不周的地方，是否需要重新分析和探讨，等等。考虑越是不周，成功的概率就越低。

孩子，你还年轻，要沉得住气，成功不是一朝一夕就能够实现的。对事情做出决定之前，你能够全面、确切地分析、把握它，你所期望的成功就指日可待了。

记得你小的时候，我们全家一起去旅游。在野外露营的时候，我们首先要考虑的是，我们选择的地点平不平坦、结不结实，周围的环境怎么样，安不安全。如果考虑不周，我们不仅扎不上一个安稳的营地，还会招来种种麻烦。

情报的搜集要全面、及时、确切，在你获得所有资料之后，你应该先仔细分析，不要急于马上工作。这好比我们全家去旅游，每个人都兴奋不已，恨不得马上出发，谁都没有细心与耐心去准备旅游装备。

这样一来，我们会很容易遗忘某些重要的物品，犯这样的错误确实是很不应该的，因为原本这就是能够避免的，只是我们急于求成而疏忽大意了。

虽然资料的收集你已经完成了，但你也应该再仔细想想，你身边值得你信赖的人，还有谁可以给你提供真实的情报呢？比如你的同事、你的上司，或是其他能与你讨论的人。

有了足够的材料也并不代表你就可以获得成功了，但这是你成功的一个重要前提，还有最关键的一步就是我们常说的经验。工作时间长了，你就能深刻体会到，许多失败的原因并不是材料的不足，而是自己经验的不足。

我可以帮你收集一定的情报材料，也可以教你如何分析材料，但实际经验只能靠你自己在工作当中不断地积累了。

分析情报资料的方法有很多，总的来说就是多方面地分析，多方面地考虑。不过我希望你在这样的工作中千万不要太相信自己的直觉而妄下结论，不按部就班、不深思熟虑是很容易出错的，人的一生虽然无法避免犯错，但一定要争取尽量少犯错。

材料的收集与分析都充分完成以后，就可以按照计划实施了。到了这一步，我就不用多说什么了，我见识过你的工作素养与工作效率，你还是个学生的时候就已经身手不凡了，而今你就更让我放心了，走你自己的路吧，我的唠叨已是多余。

我的孩子，爸爸今年已经六十多岁了，我通过几十年的奋斗已经在商界打下了自己的江山。打江山容易，守江山困难，时至今日，我依旧不断地积累新的经验。

当今世界变化太快了，新事物、新技术、新潮流层出不穷，变化莫测。在这方面，你们年轻人比我们老年人学得更快，我们则不得不学习，我时常感觉我就要落后了，所以我时时刻刻都在学习新事物、新理念，积累新的经验。只有保持自身知识、思维和经验的先进性，才有资格成为企业的领军人。

以你所具备的才学，再加上经验，我相信你肯定能够成为一名精明的决策者。经验不是与生俱来的，也不是可以在课本里面学到的，它只能靠你自己一点一滴地积累，从失败中汲取。

我还要告诉你一点，我的孩子，无论你取得了多大的成功，积累了多少经验，你仍然要虚心地、不断地学习。如果你是一只出色的小鸟，那整片森林都在静静地欣赏你的翱翔与歌唱。真的，我的孩子，你定会让我感到自豪的。

你的父亲

约翰·皮尔庞特·摩根

# 第十一封　对人付出多一点

**亲爱的小约翰：**

关于礼貌、关爱的话题，我一直想和你谈谈。口才与礼貌，我认为都是非常重要也是非常实用的东西。口才和礼貌的学习无须花费太多的时间和精力，但它们对于你的生活、工作和前途都是必不可少的。可惜的是，很多人都不注重这方面的修养。

招聘人才之时我们往往只看重他的才学而忽略了其他方面。在人才选拔方面，我知道你也是极其严格的，但不知道你会不会把他在礼貌方面的表现也考虑在内呢？

其实，一个人的礼貌是不容忽视的，懂礼貌的人往往能够给人留下一个好印象。

据我所知，作为成功人士，学识是必不可少的，但礼貌也十分重要。应该说，仅次于学识的就是礼貌了。而大部分人都只具备前者。威廉·威克姆先生创办了两所大学，即温切斯特大学和牛津大学新学院，他的教育理念是"礼貌造就崇高的品格"。

我觉得这个教育理念非常不错，学问与品格对一个人来说同等重要，二者缺一不可。遗憾的是，大多数人，包括教育界的许多人都没有意识到这一点。

很多人也经常把"礼貌"二字挂在嘴边，却不知道礼貌是什么。说得直白一点，礼貌就是对周围的人多一点关爱。你要记住，别人帮助了你，就应该对他说"谢谢你"，哪怕是一些微不足道的帮助，也要记得感谢人家。

曾经有人告诉我，说"谢谢你"越是频繁的人，越容易成功。这句话虽然有它的片面性，但也颇有几分道理。

"谢谢你"这一词组是世界上使用频率最高的礼貌用语，而"不客气"是它的礼貌答复，尽管这样轻轻的一句话可以给人一份惬意、一份温暖，但遗憾的是许多人都忽略了。

倘若你能够礼貌对待同事或者下属，那么你的人缘一定非常好。许多工作你都能很好地开展，你的下属也会很乐意为你效力。所以，在请求别人协助自己或者要求某人做事的时候，说上一句"对不起""请"或"麻烦你"之类的礼貌用语也是不会吃亏的。

虽然你是公司的领导，但也应该礼貌地对待自己的下属，让大家都觉得你是个可以共事的人，让大家都有好的心情去工作。这样一来，你公司的运营效益就大大提高了。

你应该也知道，你以客气的方式要求下属做事，下属会欣然接受，并且很快完成，效果也非常好；相反，你以命令的方式要求下属做事，下属可能也会接受，但也许是貌恭而不是心服，弄不好他还会跟自己闹情绪。

表现礼貌的方式有很多，比如谦让他人，如"女士优先"等。礼貌是举手之劳，不费吹灰之力，无须投资任何资金你就能够学会并做到，而且你马上就可以收到别人对你的馈赠，使得你在工作的开展、业务的洽谈及客户关系的建立等方面，都会有意想不到的收获。

当你和好朋友或同事在一起谈话时，无论是谁，无论怎样，你都不应该随意打断别人的话，随意打断别人是比较粗鲁的行为。许多人都不太注意这方面的修养，容不得别人提出与自己相反的意见，总是不愿意听取别人的意见，总是滔滔不绝地发表自己的看法。

这种以自我为中心的人，无论在什么时候、什么场合，都不会给任何人留下好印象。这种人不但自己贬低了自己，还因为打断别人讲话而得罪了他人。一个人说话被打断，心里是不怎么好受的，甚至感觉自己受到了侮辱，因为他说的话没有受到尊重。所以你一定要记住，专注地倾听对方说话，是对对方的尊重，也是对自己的尊重，这也是人际交往的一大秘诀。

与人谈话，很多时候都要注意把握分寸。有些人无论听者是谁，也不管在什么场合，似乎都很兴奋，想说什么就说什么，恨不得把自己的肺腑都掏出来，这样很容易让人感觉他这个人太单纯、不成熟，弄不好还会对他很反感。

关于自己的话不能说得太多，关于别人的话也是如此。你可以关心他人的身体状况、家庭状况，但你不能关心得太细致，否则对方会以为你在窥探他的隐私。适度的寒暄与问候，是对人表示亲切的方式，也是给人留下良好印象的不二法门。

活泼诙谐的话语，通常都能吸引对方。要想掌握各种谈话的礼貌用语，你还必须再做努力。世界上可供交谈的话题多得数不胜数，简单的问候语，除了天气以外，还有成百上千种，比如：

"你是在这个镇上长大的吗？"

"你住在哪里呀？"

"那是一个很繁华的城镇吗？"

"你们城镇的足球队，今年的战绩如何呀？"

"你现在在哪里高就啊？"

这些寒暄都可以派上用场。

礼貌的人往往给人留下一个好的印象。一个人留给他人的第一印象是非常重要的，在谈工作的时候尤其如此。很多场合，很多时候，你与许多人都只有一面之缘，就是这一面之缘，你会给人留下一个什么样的印象呢？

第一印象好与不好，礼貌很重要。比如，你时常对人微笑；比如，你第一次与他握手就很有力度，而非有气无力；比如，你和上司说话的时候，是全神贯注，而非左顾右盼；比如，你的姿势总是保持端正优雅，而非歪歪扭扭。

我曾听说曾有一位亲王在面对两千多名子民发表演讲的时候，能使听众感觉在场的只有亲王和自己两个人。可见，他很有口才且懂礼貌，达到了极致的境界。刚刚踏入社会的年轻人应该要注意这一方面。

在发表讲话的时候，应该使用礼貌用语，还要密切注意听众的反应，营造良好的气氛，尽量把听者吸引进来，让他们也参与思考，提出问题，并最终取得讲话的成功。有着学士学位以上的人必须具备这样的能力，达到如此之境界。阿尔弗雷德·丁尼生曾说：

越是伟大的人物，越是懂礼貌。

你现在也应该知道，懂礼貌是树立自己良好形象的最佳方式。那么具体说来，我们应该怎样树立自己的良好形象呢？这就包括许多内容了，我下面就仅仅从服装方面与你简单说说吧！

服装多种多样，从因纽特人的衣着到非洲人的打扮，都是形形色色各不相同的。每个人都可以自由地选择自己喜欢的服饰，有人偏爱休闲的款式，也有人追求时尚的款式。

但是当你要接见面试者的时候，当你要去拜访客户、洽谈业务、寻求合作伙伴的时候，一定要西装笔挺以表示庄重。

如果你衣冠不整，穿着随意，给人的感觉就可能是你这人作风不严谨，工作不踏实，这样一来，恐怕很少有人愿意与你合作了。工作的时候，衣着不是你喜欢穿什么就穿什么，而是要迎合工作的要求。你如果想要给人留下一个好印象，想要赢得他人的好感，你就必须把衣裤都烫平整了。

相貌平平并不遗憾，遗憾的是衣冠不整。尽管着装并非一定能够代表一个人的品行和能力，但服装似乎跟广告一样，会在无声中替你说话。

当你接受了别人的邀请，女主人郑重其事地打扮得漂漂亮亮，戴上最珍贵的首饰，还精心请人为你烹饪了满桌的美味佳肴，而你却随随便便、衣着老旧，这可真让人大失所望，因为你的衣着让人感觉你太不在意她对你的邀请了。

为了表示对主人的尊重，在你赴宴的时候，你一定要穿好西装并系好领带，以你体面的装束，来感谢主人的那份盛情邀请。

我不知道你是否已经注意到，服装整洁、得体大方的人很容易使人乐于亲近。我建议你有空的时候，去商场买一套衣料上等的晚宴礼服，用于参加周末晚上的宴会。

你应该知道宴席就餐的礼数，特别要注意餐桌上的礼仪，还有 16 种银器的使用方法，这些你必须了如指掌，否则就会闹出笑话。

你别小看赴宴的礼数，说不准哪一天，你晋升的命运就在餐桌上被你的上司给决定了。这句话也许你不明白，其实很多企业家需要在众多候选人当中选出一位管理者的时候，一定会先请他们吃饭。现在，你该知道餐桌上的礼仪是多么重要了吧。

我曾听说过，有一位企业家将餐桌上的礼仪作为筛选人才的最后标准。如此说来，许多人的命运都是在那一场丰盛的晚宴中发生了改变。那一晚，那位上司将自己的两位下属带到了大饭店，从他们各自点菜时的态度来判断他们在处理事情的时候是否有主见、有条理。

进了饭店之后，上司会让自己的下属先点一些菜，看谁在点菜的时候犹豫不决，甚至还向服务员问这问那，或是不按菜谱的排列次序，胡乱地点。其实他们也许没有考虑到不按次序点菜会给饭店的厨师带来麻烦，因为饭店出菜的次序和菜谱上的先后排序是一样的。

上司本来先点主菜，这样服务员也少些麻烦，但是如此一来，他就无法达到考验自己下属的目的了。

经过层层筛选，最后只剩下两位优胜者，他俩条件相当，成绩经验都不分上下，那么最后的较量就在礼仪方面了，看谁的服装整洁、姿势优雅、言语得体及举止文明。总之，谁的礼貌修养更好，谁就是最后的胜出者。现在，你应该明白什么样的人才才叫"人才"了吧！人才应该是德才兼备的人，没有礼貌与道德修养，他是个合格的"人"吗？连"做人"都不合格，又何谓"才"呢？

身为领导，你要为公司选拔德才兼备的职员，他们能胜任工作的同时也能与同事愉快相处。像这样的人不是没有，只是为数不多，所有单位都竞相聘请这样的人才。这样的人就好比珍珠、宝石一样浑身散发着无穷的魅力，他的出现立刻就能吸引众人的眼球。你若想让你的公司越来越好，你就得继续吸纳这样的人才。

你甚至有必要通过各种渠道打听或寻觅这种工作一流、品行端正、礼貌周全的好职员。

法国数学家爱德华·卢卡斯曾说：

无论多坚硬的盾牌，都抵挡不了"礼貌"之矛。

这句话意义深刻，表明了礼貌的重要性。对于风华正茂、踌躇满志的你而言，这番话你应该铭记于心啊！

你的父亲

约翰·皮尔庞特·摩根

# 第十二封　要激发工作的热情

**亲爱的小约翰：**

身为一名领导者和决策者，你要懂得如何激励自己的职员，让他们有自信、有活力，于你自己也会如此。你在激励自己的同时，也是在激励别人，你在激励别人的同时，别人也在激励你。

激励是什么？激励就是鼓励人们做出抉择并立刻行动起来，激励能够让人打起精神来，让人产生走向成功的动力。

激励的方式有很多，最常见的是暗示，分为自我暗示和暗示别人。通过暗示来激励，这是人类的一个巨大发现。你可以这样暗示：

> 如果你愿意付出百分之百的努力，只要你有目标、有理想、有积极向上的态度，你一定能成为你想要成为的那种人。不管以前有多难，现在又有多难，你都能够做到。

孩子，爸爸希望你能够记住：你要过怎样的生活，以怎样的方式生活，都是你自己的选择。我希望你深刻地认识到，学会如何去激励自己和别人都是非常有必要的。

当你知道什么格言或故事能够激励自己的时候，你也同样可以用这些格言或故事去激励别人。

这种能够有效地帮助你激励自己或别人的简易方法就是暗示，可以是自我暗示也可以是暗示别人。比如，你公司里的一名销售员很胆怯、害羞，工作的时候不敢主动，那么身为领导的你应该向他讲清工作中主动的必要性。

同时，你应该向他讲讲胆怯与害怕是人之常情，还要告诉他该如何去克服胆怯的心理，举一些自己的或者别人的成功例子。然后再告诉他要经常说一些自我鼓励的话，你可以告诉他，应当在每天早晨或其他时间多次重复"我能行"之类的话。

此外，我还想特别提醒你的是，当你发现你自己的销售员有欺骗行为的时候，你就应该找他好好谈谈了，如果这位销售员愿意改过自新的话，就应该鼓励鼓励他。

首先，你要告诉他以后不能再犯这样的错误，并且给他一些励志的书让他阅读；其次，你要想办法让他在销售过程中恢复自信心，叮嘱他要诚实；最后，你要让他在今后的工作中踏实做事，把工作做得更好。这样的例子你不难理解吧，用这种方法去管理公司、激励自己的职员是非常有用的。

人与人相处，应该秉持真诚互信的态度。如果你信任自己的下属，同样他们也会信任你，并积极地把工作做好，这也是一种很不错的激励方式。当你对自己的下属有信心的时候，他们也会对自己有信心，并会最终取得成功。

当然，你要正确理解什么是信任，你也应该认识到信任的积极性，不要认为信任下属就会带来什么消极作用。没错，过度的信任就可能是消极的了，那种消极的信任没有力量，就像假眼没有视力一样。

你必须把握好信任的尺度，尺度把握好了，就能够产生积极的作用。你也可以把你的信任明确地告诉职员："我知道你会在你的工作岗位上取得成功的，我和其他同事会与你紧密合作，我们都期待你获得成功。"

孩子，你现在还经常写信吗？写信有许多好处，它不受时间和篇幅的限制，也不受言语的约束，还能传递信任与鼓励。你可以把你对别人的信任写在信里，常言道，见字如见人，信件是表达情感和思想的非常有效的工具，用书信的方式来激励人是非常管用的。

所以，我觉得你应该多写信，不只是给我一个人写，还要写给亲人、朋友，包括你的员工。我们集团的分公司遍布全国各地，甚至远及世界的许多其他地方，你不可能天天都去视察这些分公司，分公司太多了，即便你天天视察，恐怕也视察不完。所以你可以通过书信的方式和分公司的主要领导沟通。

　　任何人都可以通过写信来提出自己的建议或看法，而且这封信能有效影响收信人的下意识心理。当你为人父母之后，我的孙子、孙女在外地求学，你牵挂他们了，通过书信你可以把你心底的情感自然地表露出来，这一点是其他通信形式所不能代替的。

　　作为父母，你有权利和义务去教育自己的孩子，你可以通过书信去做这件事。首先，你可以通过书信来塑造孩子的性格；其次，你可以通过书信去讨论一些碍于情面的事情，人们在面对面的时候，有些话语往往难以启齿，而通过书信可以各抒己见；最后，你可以通过书信可以很好地表达出内心的想法。

　　孩子的思想是幼稚的，现在很多孩子都不喜欢自己的爸爸、妈妈对自己训这训那的，即使是用很平和的语气，他们也不怎么接受，这很可能是当时的谈话环境及情绪导致的。

　　但是，若我们换成书信的沟通方式，也许他们会欣然接受你的教诲与鼓励。如果你的信写得很好，言辞恰当巧妙，书写工整，也许孩子会一而再再而三地研读、体会。

　　如今，你已经是公司的高层管理人员了，你给自己的员工或部门经理写信的时候，如果信写得符合身份，言辞恰到好处，就可以很好地激励他们更加努力地工作，打破已有的纪录，再创辉煌。同样，一名普通职员写信给你，畅谈工作上遇到的问题，你们在解决问题的过程中，也能够互相鼓励、互相受益。

　　你常常与我通信，应该知道一个人在写信的时候，就不得不思考，真挚的情感与思想就随着笔尖留在了纸上。当你就某些问题要给职员做出指示或答复的时候，你不妨在书信中一一陈述。

世间的父母都在通过多种多样的方式激励自己的孩子，希望他们能够出类拔萃。有一个叫托马斯的人，他小时候浑然不觉地沉浸在温暖而又可靠的信任之中，他不会担心自己遭受失败的伤害，他全力以赴、心情舒畅、思维敏捷，所以他的工作干得很卓越。

可见，信任已经深深地影响了他，一种无形的激励蕴含于这种信任之中，使得他的聪明才智被发挥得淋漓尽致。托马斯的母亲造就了托马斯，因为她深深的爱和那不可动摇的信念，无时无刻不在激励着托马斯努力，从而让托马斯成为她相信他能成为的那种孩子，这就是激励的作用。因此，你用给予信任的方式去激励你的职工，最关键的一点是你要让他们建立自信心。

关于对员工的激励，我还要补充说明一点，设置合理的职位、确定适当的人选、授予必要的权限，是调动员工积极性的前提条件，而调动员工积极性的具体手段则是激励。激励的方式复杂多样，因人因地因事因时而异。

一般而言，高层次需求建立在低层次需求满足的基础之上，一旦低层次需求得到满足，它们便不再构成产生激励效果的内在动力；而在众多需求之中，又以最重要的需求作为最有效的激励因素。

物质也好，精神也好，人的各种需求是同时存在的，缺少了某个方面或某个因素就难以构成激励。各种各样的需求往往构成了一个相互关联的整体，因此很难将它们简单地归类到某一特定的需求层次中。

也有人认为如今生活条件普遍提高了，在这种情况下，人们会更多地考虑精神需求的满足，我觉得这种说法是不切合实际的。

我之所以要与你讨论激励的问题，是希望你能更好地树立坚强的性格和积极的精神风貌，让你找到一股力量来引导自己去行动，从而战胜困难，获得更大的成就。

如果你知道哪些方式可以激励自己，也就知道该用什么样的方式去激励别人。同时，为了更好地激励自己，你要主动去激励别人；为了更好地激励别人，你必须学会激励自己。

以我之见，你要做的是，养成一种用积极心态激励自己的习惯。榜样的力量是无穷的，所有管理者都知道激励销售员最有效的方法就是亲自到基层去，和销售员一起工作，以身作则，给他们树立榜样。

我们在马萨诸塞州的公司有一些优秀的员工。有次，我到那里去检查他们的工作。我刚到，就有一名销售员抱怨说他已经在西奥克斯中心工作两天了，糟糕的是连一份合约都没有签下来。

这名销售员对我说，在西奥克斯中心进行销售是不可能的，因为这儿都是荷兰人，他们很讲究宗派，不愿意买陌生人的东西，况且这块土地歉收已经多年了。

尽管如此，我还是决定要亲自去看看。我提议第二天大家一起去西奥克斯中心那儿，而且，我会以销售员的身份去那儿与大家一起做交易。第二天，大家一起开车前往西奥克斯中心。

在车上的时候，我闭上双眼，放松自己的身心，去沉思、去默想，我一直在思考我将如何去同这些人做交易，而不是去想我为何不可以与他们做交易。在路上的时候我就想：那销售员说他们是荷兰人，讲究宗派，这与他们愿不愿买我们的东西之间有着怎样的联系呢？

如果我能将东西销售给他们当中最有威望的领袖级人物，那我就可以打开这里的市场销路了，完全可以轻而易举地将东西销售给他们当中任何有需要的人。因此，我现在必须做成一笔类似这样的交易，这笔交易做好了，以后的路就更好走了。

无论这笔交易有多艰难，哪怕耗费很长的时间和精力也是十分值得的。什么事情都有其两面性，很多时候我们不妨往好的方面想。他不是说这片土地已经歉收多年了吗？这也是好事。别忘了荷兰人也是非常杰出的，他们异常注重节约，做事也非常认真负责，他们一直都不会放松对自己的家庭和财产的保护，所以他们一定很需要买保险。

那些荷兰人可能从未接触过其他金融业务，别的销售员也许与我刚才所说的那名销售员一样心理比较消极，也从未向那些荷兰人推销过金融业务。要记住，作为一名销售员，我是向他们提供一种低风险且卓有成效的赚钱门路或投资理财方式。

到了西奥克斯中心，我首先进了一家银行，找他们的经理聊聊，尽可能地多了解情况。做了充分的准备之后，我开始去走访那些荷兰人，并且找到了我最想见到的迈克尔先生，他是这些荷兰人当中享有崇高威望的人。我和迈克尔先生的交谈很融洽，并在融洽的交谈中如愿以偿地把事情办妥了。

在同一个地方，面对同样陌生的顾客，其他的销售员都没有成功，而我却成功了，这是为什么呢？是我运气特别好吗？不是！实际上他们失败的原因和我成功的原因如出一辙。

那名销售员说他无法向荷兰人销售保险单，因为他们有宗派观念，这是一种消极的心态，对工作与事业的前景缺乏信心；而我一直在想他们会和我合作，因为他们是荷兰人，并且有着宗派观念，这是我对工作的积极态度。

成功需要不懈的努力，而心态决定一切。他说他不可能向他们销售保险单，因为他们的土地已经歉收好几年了，这种想法是消极的。我们应该这样想，他们会买我们的保险单，因为他们歉收都好些年了，这是积极的心态。我们的成与败，往往取决于这两种截然不同的心态。

通过这件事，我想让你明白，无论做什么事情，遇到什么样的情况，都要有迎难而上的勇气和信心，并且你一定要有不达目的不罢休的坚定信念，并以积极乐观的心态去从事你的工作。在那名销售员失败的地方，我成功了。我的成功给他们树立了榜样，也给予了他们有力的激励。

我的孩子，正因为你是我儿子，我是你父亲，我才会对你说那么多。不仅如此，我还希望你能够继承我的事业，最重要的是，我希望你能够在各种各样的失败或教训中成长，一步一步地走向成功，走向辉煌，并且从中获得你人生当中最珍贵的——比我们家族财富还更加珍贵的东西，比如健康、幸福、自信和智慧。

你的父亲

约翰·皮尔庞特·摩根

# 第十三封　如何挺过暴风雨

**亲爱的小约翰：**

　　最近还好吗？我的孩子，爸爸怎么总觉得你似乎心事重重的呢！爸爸希望你时时刻刻都保持一种良好的心态，不管发生了什么事情，公司的也好，你个人生活的也好，都要以平静积极的心态去处理好。你要相信，爸爸永远都会站在你旁边鼓励你、帮助你的！

　　我也很清楚，我们公司的好几种产品的销售情况都不怎么理想，你应该是因此而深感焦虑吧！是的，我也担心他们有一天会被市场淘汰。可是，焦虑归焦虑，万万不可自己乱了阵脚。

　　我建议你对情况做一番周详的调查，然后再做进一步的打算。你可以先仔细翻阅所有销售记录，做一番统计，用这些商品的营业收入减去总的成本，就了解到损失的实际情况了。我也掂量了一下，虽然不是很理想，但还不至于很惨重。

　　遇到这样糟糕的境况，你首先要问自己：为了把事业做好、做稳、做强，我应该如何筹划呢？这方面的经验我虽然不多，但种种教训我还是有的。对于如何挺过暴风雨，如何渡过目前的难关，我还是有一些方法的。

其实苦难可以很好地磨炼意志，甚至反而帮你渡过难关，走向成功。很多人都是在苦难中成就了人生。

我最近也是非常想和你探讨营业额减少的问题。营业额下降了，利润减少了，在这样的市场销售情况下，必须对销售部门进行优化和调整。这时首先要裁员，然后调整每个员工的工作进度和优化每个员工的工作质量，大部分公司或工厂采取的都是这样的策略。

市场规模缩小了，也就不必再雇佣那么多的职员了。经营企业如同指挥打仗，要攻防兼备，挖战壕、修碉堡是最常用也是最有效的防御手段。在战略上，这就是步步为营。

其实，防御更需要经营和管理能力。它不像扩张一样可以自然地进行，防御必须稳定目前的状况，并使情况好转，为将来的进攻打下更加坚实的基础。

面对目前的问题，面对当今的势态，我们需要尽快考虑好该做怎样的防御，并尽快实施策略遏制不良势态，扭转目前的销售状况。当然，在一定程度上我们还要考虑公司的成长结构。

在我们制定公司的成长规划时，我们就会讨论到两个概念：固定成本和变动成本。固定成本实际上也就是公司的运营成本。不管公司的经济效益好不好，这些固定成本都是必须支付的，包括土地、建筑物的投资，还有资产折旧、贷款利息等。

变动成本则是随着市场状况而上下波动的。所有人都知道尽可能地缩减开支、降低成本，就是尽可能地缩减固定成本。比如目前闲置着的土地或建筑物，可否出租出去？部分用不着的设备是否可以卖掉？现在的管理人员是否称职？

同时，你也不要忽略了，当下一次再扩大规模的时候，你能不能把这些资产收回来，回收的难易程度如何，这也是不可掉以轻心的。

随着年龄的增长，我深切地体会到，人无论多么细心地去思考，多么细心地去应付，还是免不了有些小的遗漏，还是免不了要碰到一些困难。所以，你一定要时时刻刻满怀信心地去克服困难，只有这样你才会在众多的竞争对手中脱颖而出。

我刚刚开始创业的时候，由于自己的经济基础不稳固，各种规章制度也没有现在那么完善，市场也比较小，旗下的好几家公司濒临破产。

正因为这样，我采取了多元化经营的方式，毕竟每个公司都有自己的特殊情况，不能所有的公司都使用同一种制度去经营管理。

时至今日，我从最初的一家公司发展到现在的七家不同形态的分公司，都是沿着这样的经营理念实施的。如果我把所有人力、物力都用在一家公司的发展上，那这家公司现在的规模一定很大。可能许多人都会这么想，但是我并不这么认为。我觉得多元化的经营策略是比较安全的，即使一家公司倒闭了，也不会影响其他公司的正常运营。

作为企业家，做好最好的打算的同时，也应当做好最坏的打算。当自己处在困境之时，该怎么样去筹集资金呢？我经常告诫你，不要借太多的钱，资金周转不是问题就可以了。如果借款大大超过了你的承受能力，遇到公司经营状况不好的时候，问题就很严重了。

你平时就得想好，当你遇到困难的时候，你到底能筹集多少资金。钱是有借有还的，每次借的钱都要按期归还。你要时常问自己：倘若自己欠了那么多的钱款，当发生严重的经济困难的时候，该怎么去还清那些欠款呢？又将如何生存呢？

如果我们采用多元化的经营模式，每家公司都独立运行，当自己陷入困境，要把自己从这种困境中解救出来，通常的做法就是把一家分公司的全部或部分资产卖掉，我当年就是这样处理的。

我们的目的并不是要保留或新增更多的公司，而是要创造更大的利润。对许多人来说，变卖自己的公司是一件非常痛苦的事情，但为了生存和发展，也不得不忍痛割爱了。

当你决定要干一番事业的时候，你既要大胆有为，也要时时刻刻未雨绸缪，为了应对市场的变幻无常，你不能有丝毫懈怠。

你的父亲

约翰·皮尔庞特·摩根

# 第十四封　要敢于冒险

**亲爱的小约翰：**

我们想要投资一个行业或成立一家公司的时候，往往可以在半个小时之内就罗列出这家公司有利可图的很多点，但是往往忽略了风险。我不知道你在面对这种事情的时候是怎么判断的，我很担心你会禁不住诱惑。

我就以哈洛特为例，他最近来找你好几次了吧，你最近也正在和他及他的几位朋友雄心勃勃地商讨那个赚钱的"宏伟蓝图"吧！表面看来，这项事业不管从哪个角度看，都一定能够获得成功，也就是说这样的计划是万无一失、天衣无缝的。

不过，你要细细想想：你对那个行业了解吗？隔行如隔山，你觉得你的那几个朋友能靠得住吗？在我看来，他们之所以邀请你合伙，好像是看中了你已经有了相当可观的事业成就。

因此，我不得不对他们产生怀疑：你朋友拉你入伙的真正目的是什么呢？是不是利用我们的利益和价值，去成就他们自己的新事业呢？

　　在暴利的诱惑面前，你别高兴得太早，更不要急于把这样的投资纳入计划。在此之前，你先听听爸爸的建议，听完之后也许会有新的想法。

　　我很想了解哈洛特和他的那几位工程师，我也想知道他们邀请你加入如此冒险的投资项目的真正目的。你们所计划的是一个以大型建设设备打造、高度专业化的技术服务方面的行业，以你现在的认识，对那方面是根本就不了解的。

　　孩子，爸爸也常教导你要有创业的精神，我也希望你能够在这个社会中发挥你的聪明才智，但是当我听到你和哈洛特谋划的那件事，我的脑海中首先浮现的是我们家的财产，还有我现有的事业。

　　投资一个新的行业是一件很伤脑筋的事情，资金的筹备工作不容易，还要考虑人才招聘、产品制造及市场开拓等种种问题，还要将一箩筐的计划都付诸实施。

　　就算这个计划完美无缺，一定能成功，可是这个投资了数百万的公司，到底该由谁来领导呢？你虽是重要的投资方，但是你根本就不具备经营这个新行业的知识与资格，更何况你还有你本来的行业要经营，要在一家新公司上投入大量的精力，你能够做得到吗？

　　如果你把大部分精力都投入新事业当中，你原有的事业势必会受到极大的影响，到时候我们自己公司的效益降低，恐怕是在所难免的了。孩子，做事要量力而行，在商界，你目前尚未具备一箭双雕的本领。

这样，你们那家刚刚成立的公司，在还没雇佣精明能干的职业经理的情况下，经营权必然会落入哈洛特的手中，你能想象这将会是怎样的一种结果吗？我估计哈洛特享用你的金钱时，你可能会全然不知。

倘若哈洛特做任何事都非常称职、非常公道，这倒是一个不错的结果。就以他 32 岁的年龄，从未受过任何企业的训练和不具备任何经验的前提下，若能够完全管理好、经营好这家企业，那他可真是历史上的一位罕见的卓越英才。只是，我并不敢轻信这种史无前例的事情。

投资这样的企业，也许 10 个当中总会有 1 个能成功。但是，在你为 9 个这样的企业倾家荡产之后，你就能肯定第 10 次投资一定能成功吗？

就算我们对那个行业有所了解，也不等于投资那个行业就毫无风险，更何况他们邀请你投资的是一个我们自己很外行的行业。哈洛特和那几个工程学系出身的人，几乎没有一点市场营销的经验，在这种情况下与他们合伙，实在是太冒险了。

可能你也算 4 位共同经营者之一了。这样的话，你是出资人，哈洛特是董事长，查理主要负责销售，弗莱特则主要负责生产。一开始，可能你们都会尽心尽力，可谓克己奉公。只怕时日一久，你们 4 人当中有一个人或者两个人想退出这个组合，就算你们的事业成功了，也难免有人想中途改道。

于是工作变得非常辛苦，每星期工作七八十个小时，这样的重担一旦压垮了其中的某个人或是他的妻子，痛苦与烦恼也就悄然而来了。

"查理那混蛋每天花 3 小时消费 200 美元的午餐的时候，我还在这里汗流浃背地埋头苦干呢！"

"凭什么我今晚加班，而你们却在饮酒作乐！我所赚的每一美元里，都有四分之三跑进了你们的口袋！"

接下来他们也开始对你埋怨："为什么我赚的每一美元都要分给你两毛五呢？而你什么也不干！"

时间长了，人也就忘了。这家公司在成立之初，你所贡献的巨额资金，他们这辈子永远不会再想起来了。你当初肯定不会想到会有今天这样的局面，他们很快就会问你："你到底为我们做过什么，却要享有同等的收益！"

孩子，假如你非要与他们投资这样的项目，我希望你必须严格按照程序做事，以防患于未然。现在还是洽谈时期，对你而言，最有利的就是要尽量地了解他们的诚实、聪明及勤快的程度。

根据我多年的经验，你最好把我前面所陈述的不确定因素与他们详谈开来。除了你所投资的经费、所付出的牺牲，以及你必须长时间承受着工作的烦恼等种种现实问题，你还要有足够的心理准备来面对重重困难。

除非这项事业非常与众不同，可以不劳而获，否则没有拼命的努力与艰苦的奋斗是不会取得成功的。所以，我建议你不妨把你的想法整理成书面材料，即使企业在规划的时候就不幸夭折了，对方也不得不承认你的警告是很有道理的。

既然是合伙的公司，那对于股份的分配问题也一定要认真考虑并达成文字协议。以我之见，你与哈洛特应持有相等的股份，你俩可以平起平坐。查理和弗莱特虽然也有一定的重要性，但并不适合担任主帅的职务。

当然，每个人都期望自己在公司中能够拥有相应的股权，这里有许多可以让大家都满意的方法。哈洛特的想法应该与你不谋而合，赞同与你一起掌握控股权。

比方说，你和他平分80%的股份，各占40%，这应该没有异议。此时此刻，你应该发挥自己在洽谈中所特有的稳健作风，以免将来后悔莫及。你也必须很清楚地告诉查理和弗莱特，两人各持10%的股份。

亲兄弟明算账，在这个时候不可以攀谈交情，因为在交情上谈投资合作，无疑是不够理智的，也是非常危险的。然后将税前一年的总余额的30%分配给他们三人：详细地说也就是每一个人分到10%。

这样的分配方式，对你们每个合伙人都将产生积极的作用：一是在企业立足市场及负债偿清之前，你们不至于很快就散伙了；另一是为每年的收益做分配。

合伙的事业很容易产生纠纷，所以你们每年都要聚集在一起，包括会计师和律师，共同评估你们每人各自所持有的股份。一旦有人提出异议，那么自己与此人解除合伙关系的时候就会像离婚一样，惹来一身的麻烦。

此外，为了预防有人转让自己的股权，必须规定每年都要进行例行的持股评估，这样一来，即使有人要散伙，也能确保自己股份的安全。合作可以，但程序是不能省略的，我在商界也这么多年了，非常清楚这方面的问题。更何况你是投资方，所以你一定要选定会计师和律师来保证你的投资安全。这样你就可以从某种程度上控制该公司的运营了。

孩子，爸爸很乐意与你愉快友好地合作，目前我们的事业也正在蓬勃发展、欣欣向荣。当你要与他人合伙进行一些比较冒险的投资的时候，我也深深地希望与你合伙的人能够勤勉、诚实。希望你一切顺利，万事如意！

你的父亲

约翰·皮尔庞特·摩根

# 第十五封　不可奢侈浪费

**亲爱的小约翰：**

从小到大，我很少严厉地批评过你，我也一直尊重你的自由，不曾在哪个方面限制过你，因为每个人的思维方式都不一样，我不想把你束缚在我的思维模式之中。但是，你最近的一些处事方式让我感到不安，我想我非常有必要写信和你谈谈关于金钱的话题。

那天，财务科会计让我报销几张发票，我接过来一看，竟是这么大的一个金额。我深感疑惑，这么大一笔开销，你到底是怎么招待客户的？这样大的一笔招待费，即使来者是王公贵族也绰绰有余。

我创业以来，我们所有的客户当中，是从未有过王公贵族的。孩子，我想问问你：是客人要求你这么隆重地招待他们，还是你已经染上了铺张浪费、讲究气派的奢靡之风呢？

客户可能会认为你实在是太热情了，可是你这种热情很容易让客户认为你是个很讲究排场的人。当然，待人热情大方是有必要的，我也并不认为热情大方有什么不对，可是太铺张、太浪费的话，会很容易让客户觉得你是在故意摆架势、摆阔气。这样的钱你就花得很冤枉了。

金钱的用途有很多，大体上可以分为两种：一种是用来投资，创造更多的财富；另一种则是用来消费，满足人们物质与精神的需求。钱可以买到豪华富丽的家具，也可以换来一夜的酩酊大醉，不知东方之既白。

我不担心别的，就担心你不懂得精打细算，不懂得把钱用在你该用的地方。你以为充当阔佬、出手大方就可以博得客户的好感吗？

我以前曾跟你谈过，一个人给他人留下的第一印象的重要性不容忽视，你必须记住这一点。在豪华酒店接待新客户虽然很体面，也很舒适，但是并不见得就一定能够给人家留下一个好印象。

这个方面，你有没有认真考虑过呢？实际上客户已经实地考察过我们的公司了，也接受了预算在100美元的招待用餐，客户将如何抉择，他们早已心中有数。

你应该做的事情是做好充分的准备，仔细揣量来者之意，估计他们会提出什么样的要求或条件，对此你又将采取怎样的对策，让自己充满自信地与他们谈生意，而不是想办法把自己的钱包掏空。

　　我不知道你是否会意识到，花钱如流水的奢侈接待方式是许多客户所不情愿接受的，他们很可能因此对你敬而远之。你如此奢侈甚至会让你的客户产生误会：是不是你卖给他们的东西价位太高了？

　　这样一来，他们今后可能要重新考虑是否与你继续合作，而你为了与他们继续保持业务的往来，就不得不加倍努力与其他同类的公司竞争。

　　向客户展示我们雄厚的财务实力是有必要的，但是浪费资金是企业家的大忌，是非常愚蠢的。企业家的使命就是利用现有的资金去创造更多的财富，而绝对不是把财富无度地挥霍掉。一个奢侈浪费的人，非但不会受到客户的尊重，反而可能被背后讥讽为大傻瓜，而被断绝往来。

　　从某种意义上讲，贫穷往往是上天对一个人的真正考验，贫穷在人的一生当中也是一笔重要的财富，对此我深有体会。每当我一个人静静地怀念过去时，我就非常感谢命运让我拥有了这一笔别人从未有过的财富。当我还是个孩子的时候，家境是多么的贫寒，食不果腹、衣不遮体。

　　在我成长的故乡有一个出了名的富翁，他的生活很富裕，衣食住行样样都是一流的名牌。他也从事慈善事业，每次捐款都是他最多。我决定仔细研究他是怎么赚钱的。

　　从人们口中，我获知了许多关于他的传闻：他是个很难相处的老板，要求非常严格、苛刻，即使是 10 美元的利息，他也压榨得干干净净。许多人因此在他的背后给他起了一个"顽固而吝啬的富翁"的绰号。

现在回想起来，我觉得事实并非如此，那只不过是因为别人嫉妒他的成功而觉得自己比他更有人性，甚至随便给他扣上一些充满恶意的帽子。其实我觉得企业家在懂得创造更多财富的同时，也要懂得管理这些财富。

在我的故乡，那富翁犹如活在透明玻璃缸里的一条金鱼，他的一举一动颇受关注，凡是与他有关的消息，都是全镇人茶余饭后的热点话题。

在他的背后，人们往往添油加醋、肆意渲染，即使是一件生活小事也能变成爆炸新闻。

镇上的许多官员还有教会里的人都对他阿谀奉承，说他"气色很好""富有爱心""是个伟大的企业家和慈善家""对社会进步做出了卓越贡献"等，总之恨不得把所有的好言佳话都冠在他的头上。

但是那个富翁一直保持警惕，对于这些虚伪的赞美，他并没有上当，而是谦逊地以亲切的言辞同样去赞美那些奉承他的人。他很清楚这些人居心叵测，当面一套，背后又是另一套。他从来不把这些事放在心上，还是继续发展自己的事业，继续创造更多的财富。

我小时候，你祖母就教导我："不积小钱，无以成巨富。"如今我把你祖母当年的话告诉你，希望你能体会其中的道理。

我希望你能够明白，金钱为你创造财富，也可能给你带来虚伪的朋友，他们整天围绕在你身边，不断地给你灌输贪图享乐的思想，让你不思进取，在工作和事业的道路上迷失了方向。

你现在的叔叔阿姨们都是我自幼结识的朋友，我和他们的友谊绝对不是建立在金钱之上的，他们是你值得信赖的人，所以你应该相信他们。

但是，你从小就生活在富裕的家庭里，你身边的哪个朋友才是真心对你的，你必须仔细地观察。

以前我跟你说过"无友不如己"。许多人都喜欢与有钱人结交，这也是人之常情，可能他们想攀附有钱人，从中得到他们想要的利益。

这种人我遇到过，想必你也会碰到。你现在的朋友当中也少不了这样的人，他们就是因为你家境富裕而与你结交，所以你一定要提高警惕。

当然，也有一些你认识的人是德才兼备的，他们可能为了坚守原则，也可能是为了避免你的怀疑，总之他们和你保持一定的距离，只维持纯粹的友谊，像这样的朋友，你千万别遗忘了。

这样的朋友不会主动邀请你参加他们的宴会，但是对于你的到来他们会非常欢迎。这种心理很微妙，他们之所以这样，是不想被世人误会自己趋炎附势。

得到一个真正的朋友不是一件很容易的事情，而失去一个朋友却是一件很容易的事情，比如借钱给他，不过你千万不要这么做，因为那样做的代价我们谁都承受不起。

我希望你不要借钱给你的朋友，如果他真的很需要钱，他可以到银行去贷款。不过你要记住，借钱与否并不能用来衡量友谊的真假，自古以来就是如此。

但是，在你朋友遭遇不幸的时候，你可以主动帮助他，如此一来，不但不会损害你们之间的友谊，反而还会加深你们之间的信任，他也会由衷地感激你。当他有经济能力之后，他势必会偿还你这笔钱款。从此你们也就能肝胆相照了。

其实金钱也并不代表一切。当我们去评判一个人的时候，我们不能只看他所拥有的财富。我的一个朋友在为他的女儿选择终身伴侣的时候，从不考虑对方的家产，他宁可挑选出身贫寒但人品一等的人，也不愿意选择那些人品不怎么样的富家公子。

最初我也是白手起家的，能够创出今天的这番事业我颇为荣幸。请你不要讽刺我自以为是。而今你已经加入我们这支队伍中了，你也应该感到万分荣幸，应该倍加珍惜这样的幸福。

你想要得到人们的尊敬，想要在这个社会里赢得自己的荣耀，你就要干出一番成绩来，为公司的蓬勃发展开创出一片更广阔的新天地。

要不然，我将拿起锤子，敲打你充满傲气的胸脯，直到你俯首承认你是个普通人为止。当然，我也并不是说不许你为自己每一次取得的小成绩而高兴举杯，你可以在不过分、不铺张的前提下和你的亲密朋友互相鼓励、互相庆贺。

当你失败的时候，你也只需要向这几位朋友倾诉就可以了，没有必要公之于世。如果你能够做到这些，我也就安心多了。

穷人与富人的两种截然不同的生活，我都经历过。我也十分清楚，富有当然是一件比较好的事，但财物富有的人往往深感孤独。

也许你现在还没有体会到，当拥有巨额财富之后，想要结交一位正直忠诚的朋友是非常不容易的。财富是幸福的前提和基础，如果你懂得如何把握它的话，你将从中获得巨大的快乐。人的一生当中，几乎所有的喜怒哀乐都是由财富引起的。

有了钱你才可以享受这个世界上的许多东西，但也是因为有了钱，才不得不对身边的朋友留有防备之心。或得或失，全凭个人感受去衡量。

人是因为精明能干才富有，但是一旦富有了，许多人却变得愚蠢了，这种现象古已有之。他们辛辛苦苦攒来的钱，在很短的时间内付诸东流的原因，并不仅仅是投资的失败，很多时候实际上是挥霍无度。

财富最终就是用来消费的，我并不希望你做一个地地道道的守财奴。时光流逝，人生几何？所以你当用则用，该省就省，不要为一分一毫而过度伤神，没有必要去计较该花的钱当中的每一分都到哪里去了！

公司里财务上的原则性问题你必须铭记于心，哪怕是一分钱你也要格外地珍惜，就像种庄稼，播种后一定要辛勤地耕耘，并精心地呵护。

到了第二年，这一分钱就会变成两美元，这个经营的道理就是积少成多，积土成山。当然，要成长到十万美元甚至一百万美元，还有一段很漫长、很坎坷的路要走。

大地万物，生生不息。金钱也像种子一样能够成长繁殖。在别人的眼里，你的信誉也会因为资金的充裕而更加卓著。为了你自己的事业打拼，你必须有良好的信誉作为凭证。如果你的信誉不好，那么在你募集资金的时候，将比登天还难。

反之，如果你已经拥有了 100 万美元，再筹集 100 万美元的资金就容易得多了。公司员工待遇的改善、工厂设备的升级，都离不开巨额的资金，所以，千万不要铺张浪费公司的每一分钱。

积累一笔钱，需要做很多的业务，也需要相当长的时间；但是要将一笔钱花掉，却只是一眨眼的工夫。如果有一种每次交易只能赚 1 美元的生意，你也必须脚踏实地、按部就班地努力，万万不可投机取巧、走捷径。

我的孩子，你要记住，做事情要持之以恒。通往成功的路非常少，所以你要坚持你正在走的路，别的路都是与你相隔甚远的，你一旦进入正道，就必须站稳脚跟坚持到底。

古往今来，有许多人在某一行业上刚一取得成功，就得意忘形，自以为是商界天才，于是迫不及待地又涉足另外一个行业，从而偏离了原先的道路，甚至放弃了自己原有的致富门路，这种决定的结果可想而知，不用说赔本，不倾家荡产就已经是万幸的了。

这种人自以为能耐不小，实际上他们根本就没察觉到自己已经背道而驰、孤军深入了，最终结果只有一个，那就是失败。

金钱很娇贵，你不爱惜它，它就会离你而去。钱要省着用，在这个世界上需要我们伸出援手的人不计其数。从你上个月的开销清单来看，你交际费的数目令我大为震惊！

《圣经》中写道："金钱是万恶的根源。"《传道书》中则记载："酒肉、聚会令你欢笑，但是金钱带给你更大的满足。"

对于以上两种观点，我都不认同，我认为金钱和常识、辛勤、快乐、幸福都有着密切的关系。孩子，我希望你能够按照我们家的传统美德，谨慎、认真地考虑钱的用途。

我对你说过，君无戏言。你也应该深刻地认识到，信用其实比巨额的金钱更重要，所以，从今以后，每一次的晚宴也好，周末派对也好，我都希望你能够言行一致。

孩子，你也不小了，爸爸希望你能够保管好你自己的钱包，更要慎重地使用公司的钱。

一个人的生存与发展，离不开信誉与财富，这两样东西都是稍纵即逝的装饰品，金钱是生不带来死不带去的，而信誉则是人一生当中最宝贵的幸福支柱。

尽管金钱可以买到很多实际的东西，但幸福的家庭、健康的体魄、真诚的友谊、忠实的助手、真挚的爱情，以及受人尊敬的荣誉，这些都是金钱无法买到，但可以受用一生的世间奇宝啊！

你的父亲

约翰·皮尔庞特·摩根

# 第十六封　保持生活的平衡

**亲爱的小约翰：**

你最近很少回家，我知道你忙碌于客户与公司之间。为了将来，为了事业的发展，你如此勤勤恳恳地工作，我感到十分欣慰。其实你不说我也知道，每天都忙碌是很累的，有时还会让人感到厌倦，或是没有了工作热情，这都是很正常的。

我们的公司、子公司那么多，为了让它们维持良好的运营，身为领导者，你必须每天严格地监督和管理。当然，你也未必什么事情都要亲自去做，因为一个人的时间是有限的，能力也是如此，所以，你必须让你身边才智敏捷的职员各尽其职、各尽所能。

孩子，任何一家公司都需要有一支优秀的管理团队。你迫在眉睫的任务是为各个公司、各个部门、各个阶层选拔出优秀的管理者。除此之外，你还要传达意见、做出指示。也就是说在你和开发商之间、你和客户之间，以及你和员工之间要做好沟通，并把工作落实到位。

要达到上述目的，你必须妥当地分配时间。以一个星期为例，一般来说，要完成这些工作，比如参加开发专案研讨会、选定新厂址或特殊设备、设计新产品、制订下一季度的生产计划或销售计划等，有 20 个小时就可以完成了，剩下的 20 个小时，你就可以自由支配了，这样合理地安排时间，你的工作和生活才会更好。

很多人以副领导身份去管理工作的时候，能够很轻松、很漂亮地完成任务，道理很简单，因为他的能力比任务所要求的稍微高一点，但这个人也就只能坐在第二把交椅上，因为他不具备作为一个领导者所必备的能力。

有些人好高骛远、自不量力，硬是要接下不适合自己的、职责过高的领导职位，结果如何也就可想而知了。领导者必须有才干、有胆识、有远见、视野宽、思维广。

不过，像这样有才干的人往往活得很压抑，也很苦闷，因为他们时常被人有意无意地忽略了。你或许也会有这种怀才不遇的感慨，我至今还在让你做那些你不感兴趣的事情。

孩子，请你不要责怪我，我当初让你从基层做起也是有苦衷的，我主要是为了锻炼你的能力，拓展你的视野与思维，让你对基层工作能够非常了解，让你积累各种各样的能力和经验，让你具备更完美的实力来接任董事长的职位。

让我感到高兴的是，你以优秀的表现通过了所有的考验。今天我已经不能像过去一样对你下达命令了，不过我还是有一个请求，希望你能够继续努力，继续保持你的敬业精神，能够配合与协调好公司的发展规划，希望你把握好每一个机会。

倘若你无法做到这些，我们公司的繁荣与优势就都无法保证了。孩子，希望你明白，作为你的父亲，我对你非常期待！希望你不懈地努力，我对你有信心！

话又说回来了，在你没有晋升之前，我和你谈过许多问题，不知你还记不记得。我对你说过的话都是我毕生经历的总结，相信我的人生可以给你提供正面的引导或反面的教训。

在上大学之前，你只想研读企业管理相关的科目，为了交际，你还去训练自己的酒量。没多久，你意识到要拓展自己的知识面，在刻苦学习企业管理、财务管理的同时，还选修了经济学、政治学、产业关系、历史甚至天文学。因此，当你毕业后，你除了有能力管理企业之外，还储存了广博的知识。

大学期间，严格的考试逼得你不得不埋头苦读，我知道，你读过的书确实已经够多了。也许连你自己也没有想到，你毕业了我还在你的办公室里摆了那么多的图书。

孩子，你别误会！作为你的父亲，我只是希望你能够持续地学习，能够懂得通过自我教育来完善自己，仅此而已，别无他意。

亨利·戴维·梭罗曾经说过：

> 许多人读了一本书之后，就自以为能够打开人生新的旅途。

这话说得没有错，一个人不可能只靠一本书就改变自己的人生，否则你这辈子将彻底失败。一本好书往往是某个复杂社会与生活的真实写照，但这样的书往往不被人重视。

旅行不仅仅是一种快乐的享受，同时也会大大地拓展你的视野，丰富你的见识。我记得在你12岁那年，我就带你出国旅行了。在我的眼里，你那时兴奋极了。

面对异国他乡的自然人文景观与民情风俗习惯，我是一边倾听你滔滔不绝的感想，一边回答你源源不断的提问。

20年后的今天，你不再是那个只知道外国风光奇景的少年，你的视线不再停留在某个国家的风光上，你已经密切关注一个国家的工商状况、经济动态，你始终保持着周密的追踪观察与分析，你每时每刻都在为提高公司的效益而学习新的知识和接触新的事物。

你对世界上许多国家的人文景观、科学经济都了如指掌。我知道你不甘落后，就算别人在某方面比你强，你也总会努力地超越别人，超越自己！这些，我都为你感到高兴啊！

刚才我也跟你说了，旅行的确能增长人的见识和拓展人的视野，广博的见识和宽广的视野是你管理公司必不可少的基础。你想，假如我们没有了客户和员工，我们的公司还存在吗？离了他们，我们还能做什么呢？

旅行未必就能改变你的人生，但旅行能改变你的心态，好的心态能够改变你对事业管理的观念或看法。我们公司所从事的业务主要是投资管理，通过旅行或出访，你能与世界各个角落的人有密切的接触和交流，如此一来，我相信你一定能够把我们的事业向更远、更有前景的地方拓展。

我们公司许多会议的召开或业务的洽谈，都是在小小的游船上成功进行的，并且都取得了丰硕的成果。也许你会感到很意外，其实这一点也不意外，我们每个人天生就喜欢大自然，喜欢陶醉在世外桃源般的美景中，我们心情舒畅，抛弃了心中那些纷乱与复杂，所以我们的会议召开得很成功，业务洽谈得也很顺利。

我们不可以改变天气，但我们可以改变心情。如果你心情很压抑、很烦躁，在假日的时候，不妨去旅行吧，旅行可以让你放松，可以让你的心情变得轻松愉快起来。

不记得起于何时，我就开始在旅行中告诉你，我对某个问题的解决办法。每当我遇到犹豫不决的事，我总喜欢把问题交给你之后，去睡个好觉。

每当我去划木舟、垂钓或狩猎的时候，随着时间的消逝，慢慢地，我纷乱的思绪也就得到了梳理，那真是太让人愉快了！

当休闲的旅行即将结束的时候，烦恼彻底消失了，我脑海中也浮现出了解决方案的清晰轮廓，也决定开始实施行动的方针。

这样得来的做法都是直截了当的，因此，没有什么工作环境能比宁静的大自然更有魅力、更卓有成效了。有人说，大自然是这个世界上最了不起的顾问，我对此深有同感！

财富不是朋友，朋友比财富更珍贵。除了结交新朋友，你还与中学和大学时代的朋友保持联系，这样做很好，而且要继续保持下去！

友谊是无价的，我非常同意这一观点。真正的朋友能够与你共享喜悦，分担忧愁，能互相帮助，也能互诉心声，能互相支持，也能互相激励，能拥有这样的朋友是多么幸福的事情啊！

你很会营造温馨的家庭气氛，除了让人感到喜悦，你也一直在无微不至地呵护着这份幸福，珍惜着这份幸福！我知道你希望家庭的幸福永远不变。建立了家庭后，不仅要重视事业工作，也要重视家庭生活，两方面你都能协调兼顾，这很好。

身为丈夫，你要多关心自己的妻子，对她多一些包容，这样你的爱人也会努力去配合你的工作和生活。作为父亲，你应该尽量多陪陪自己的孩子，不要一味地只知道工作，没有时间陪伴自己的孩子是一件很令人遗憾的事情。

许多年轻人染上了抽烟、酗酒等有害于身体健康的陋习，我希望你能远离这些不良行为。

许多人都放弃了自己的学业，放弃了自己的理想；也有许多人想到自己的未来，想到自己没人关心，都深感无奈；还有许多人事业虽然成功了，但他们失去了太多，他们希望时光能够倒流，希望昨日能够重来，可惜一切遗憾的事再也无法弥补！

父亲与孩子的关系是与生俱来的，但彼此之间的感情好不好，这就需要你去培养和积累了。你对孩子的感情应该很深，但孩子对身为父亲的你印象如何、感情如何，这就与你爱不爱孩子、有没有多陪陪孩子有关了。

在周末的时候，还有什么事情是比陪自己的孩子去钓鱼更快乐的呢？钓没钓到鱼并不重要，重要的是你与孩子度过了美好的时光。这些共处的美好时光可以加深你们的感情，这份亲情会成为你生命中极其重要的一部分。

年轻人身强力盛，你们似乎很向往刺激的人生。当你独乘孤舟乘风破浪，或是刚刚 16 岁就开着跑车在高速公路上风驰电掣时，我只能偷偷安慰自己，希望你平安无事，可你可怜的母亲恐怕要被你吓得昏倒过去。

你当初选择了你感兴趣的职业，所以我知道你对工作是很感兴趣的，但工作以外的兴趣也很重要，其实不懂得让自己头脑放松的人同样也不会让自己更有效率地工作。

如果一天 24 小时都只想着工作的事，那么这个人迟早会垮掉。要保持生活的平衡，就要利用节假日做自己喜欢的事情，丰富自己的业余爱好。

例如，你最喜欢打网球，网球运动最能放松你紧张的神经，这非常有利于保持你健壮的体魄。当然，假日里也不光可以参加体育活动，与家人共度假日也是非常快乐的啊！

这样一来，自己的体魄健壮了、精力充沛了，别人想要打倒你也变成了一件很困难的事，因为你的生活和工作的时间都是合理的、协调的，工作你有精神，生活你很快乐，你的脑海里还会有什么不开心、不愉快的事情呢？

许多人的工作职位都不低，但他们并不因此而感到幸福和快乐，他们时常感觉力不从心。其实并不是因为他们觉得不能胜任这个职位，而是看他们以什么样的心态来对待。你还得时常记得自己的朋友，不要因为事业腾达而忘记或抛弃了朋友。

如今你已经是个顶级的决策者了，我已经不能给你下什么命令了，但我想给你一个忠告：希望你不要因权力而膨胀，眼里和心里都不要容不下其他的人和事，要不然你会很孤独，你的朋友都会对你敬而远之。

千万不要以为自己是家庭的主宰者，也千万不要以为自己是社会或人类的功臣，人不要为自己而活着，只有默默无闻的贡献者才更能赢得世人的尊重！

亲爱的小约翰，希望你不要被地位与金钱的光环所迷惑。在我心中，我欣赏和敬仰的是一位德才兼备的成功者：面对问题能够理智地分析和处理，自己能够保持身心健康，保持生活与工作的平衡，与人为善，信守中庸之道。

毫无疑问，你将成为我们公司真正的领导人。绝大多数的家族企业或非家族形态的公司，都习惯性地优先晋升自己的亲人。因为往往是自己的亲人才会对自己家族的公司有着强烈的责任感，无论公司的大事还是小事，他都能认真负责，所以企业的领军人才会考虑让自己的亲人来担任领导的职位。

但是，在你接任董事长之前，你就要面对许多重大的难题了。为了我们的家族企业，为了使你拥有稳定的经济收入，为了让你更好地发挥自己的才华，也为了防止我突然死亡而"天下大乱"，在我心里，公司的继承者早就定了。

同时，也正是你的努力、你的才华、你的修养，为你赢得了同僚的赞誉与拥护，你也因此而赢得了我彻底的信任！威廉·华兹华斯有句诗："朴素生活，高尚思考。"我虽然引用华兹华斯的诗句作为我对你的评价，但我觉得还不够确切，最后我说一句：我对你有足够的信心！

你的父亲

约翰·皮尔庞特·摩根

# 第十七封　要有扩张的野心

**亲爱的小约翰：**

如今正值你朝气蓬勃、雄心勃勃的时候，你一定一直在打拼自己的事业吧！我知道，任何一个有事业心的人都会努力打拼自己的事业。

我很佩服你的胆识，也很欣赏你的勇气与决心。但是，我还想嘱咐你几句，无论是哪方面的投资，你都要制订周密的计划，制订的计划要符合实际，要量力而行，切勿急功近利。

你的计划我看过了，真可谓空前绝后。如此大的手笔，我连想都不敢想，你居然决定实施了！回想起来，在这个行业，你不过只有3年的实践经验，就此而言，这样庞大的计划说出来真是够吓人的。

为了公司，为了你自己的前途，你想施展你的才华，你想实现你的梦想，这我可以理解，但我无法理解你这项计划的依据。还有，你对这一前景的展望是什么？

我很清楚，我们公司目前的业务及市场还有很大的开发空间，但我们也并不是非要扩大业务不可。虽然我们公司目前有能力再提高 20% 的产能，但据我所知，即使我们付出最大的努力能够达到这种程度，也没有必要将生产力提高到这样的程度。

你的分析我也仔细看过了，你认为我们的竞争对手之所以能够吸纳大量的客户，是因为他们拥有我们所没有的设备。我并不这么认为，我不想和你就这样的事情争论什么。不过，我也想说说我的看法，那家与我们竞争的公司我也不是没有接触过，或多或少我都了解些。

该公司为客户提供了一些新的服务，在经营理念方面也力争标新立异。我们之所以不提供那样的服务，是因为我们不想花太多的钱去尝试那些所谓的新颖包装。想要吸纳大量的订单，最有效、最划算的做法就是率先研发大量的新产品，而不是把精力花在包装上。

因此，关于所谓的新颖包装设备，我们没有太大的必要去羡慕、去追随，就算他们凭着新颖的包装达到了现在的销售水平，但没能率先研发出新产品来，他们也就无法继续维持当前的销售水平，他们的产品就会慢慢被淘汰。

毕竟客户不只是看产品的包装是否新颖华丽，他们更注重产品质量和服务水平。目前，我们有四分之三的产品种类还在继续生产，另外的四分之一已经停产了，这样的比例，在整个行业来说还是不错的。我们目前需要考虑的不是扩大生产规模，而是研发新产品！

相关的统计数据表明，我们公司的经济效益正以每年30%的速度增长。在过去，我也是很拼命地去工作，毕竟谁都不想浪费自己的青春。

任何一个企业家都希望自己年少有为，有野心是很正常的，也是必要的，但野心太大了就会变得贪婪，贪婪会害了一个人，但愿你远离贪婪的恶战。

就目前来说，由于种种原因，我们仍然不可以迅速地扩大企业的规模。就算我这样做很保守、很懦弱，但也希望你能够站在一名老董事长的立场去想一想，暂时摒弃你的销售立场，站在大局的角度去想一想，冷静地想一想目前的问题。

就算我们能够继续保持目前乐观的增长态势，购置新设备，投资新厂房，但依然要向银行最大限度地贷款，这样我们不得不将所有的盈余都用于偿还巨额的银行贷款与利息。

每当想到银行的巨额贷款，还有逐年俱增的利息，你说我们如何在市场上站稳脚跟呢？什么时候我才能再也不用担心偿还银行的债务？

至少将来的几年我还得为这事儿担心不已！因此，我希望你在销售部门能够踏实努力，切莫急功近利。逆水行舟，不进则退，千万不要停止你手中划动的船桨，一定要努力再努力，执着再执着。

我们现在总体的经营状况是比较好的，可是困难依然不少，就算我们能克服这重重的困难，能从银行借到足够的资金，可是为了让新产品能维持我们一贯的质量和服务水平，为了让新产品有良好的口碑，就不得不花大量的财力、物力去培训我们新招聘的职员。

我想你应该记得，你刚进公司做事的时候，我就对你强调过：企业成功的背后，包含了许多必不可少的因素，其中最重要的因素，就是必须拥有精明的领导者和管理者、技艺精湛的工程师与技工、高度负责的领班，以及勤快干练的普通工人。

如果我们缺少了其中任何一部分，无论是你还是我，不出半年的时间，都要因此而倾家荡产。

去年，我们新增了 15% 的职员，这些职员都是应届毕业生，虽说毕业之前都有过短暂的实习经历，但是从业经验还不是很丰富，有些新职员根本还不会做事。这一点儿也不奇怪，因为人不是生来就有经验的。

有工作经验就不是应届毕业生了，更何况我们这一行业里有经验的新职员并不多见，所以我们也不要要求太高了，只要他们有专业的学识，有很好的职业素质，头脑灵活，是个可塑可用之人就好了。

不过，对于那些辞去自己原有的工作而千方百计钻进我们公司的人，我们一定要提高警惕，防止这些人对我们另有企图！因为我们给员工的薪水并不见得就比其他企业多。

就算他们是因为原公司对待员工很苛刻才到我们公司来的，

但也不会就那么一两个人被苛刻对待！这一点我不得不怀疑！如果不是他们原公司待员工不好，就是他们自身有着某些问题。

不管怎么样，我希望加入我们公司的职员，都是有着良好的职业道德与素质的人。对新录用的职员，我们要按照我们自己的模式去培训，要知道，让每个人都达到我们的标准是非常困难的，这需要花费大量的财力、物力。

当今社会的发展速度已经越来越快了，可是许多企业家并不对此而乐观。新开发的产品投放到市场后虽然得到了实际的利润，但并非最艰苦、最危险的时期就已经过去了，也并非从此就可以很轻松地偿还银行的债务了，其实心中的烦恼并没有因此而消失。

虽然我们现在失去了一些客户和职员，一些产品也被整批地退了回来，但不必担心，这都是很正常的，只要我们认真去处理，情况就会好转。打击虽是有的，但不必惊慌公司会因此而"丧命"。只要我们能够保持良好的运营状况，再稳中求进也不迟。

目前我们公司还没有足够的条件去扩展，也不是非扩展不可，我们的事业正在稳定地运行着，所以你只管放心做好你现在的工作。扩展事业的规模并不是自己想扩展就扩展的，事业的扩展需要有坚实的根基作为前提。

为了慢慢扩展事业，我们可以开辟新的市场，挖掘新的客户；为了支付扩展所需的资金，我们必须考虑到种种可能，并想好随之而来的种种问题的解决对策。我们必须知道，我们暂时不能把新扩展的事业作为赢利的主要方面。

许多著名企业之所以百年不衰，是因为它们的领导者秉持着无论如何都绝不让公司承担太大风险的经营发展理念。为了稳中求进，作为一个企业家必须严格地控制自己的野心，要知道"人为财死，鸟为食亡"。

事实上，很多公司的轰然倒闭并不是因为经营不善，而是他们盲目地扩展才引来了灭顶之灾。你感到很意外吧！其实冷静的资深企业家早就料到他们是在走向死亡。

扩展一旦拖垮了企业，企业也就倒闭了。这个世界上有魄力、有能耐、有财力，能使企业死而复生的人实在是少之又少。这也许是受了教训的人对自己或世人发自内心的告诫吧！

在我看来，按我们一贯的做法，就以正常的速度去扩展，这才是明智之举。两虎相争，必有一死。我们没有必要为了与自己的竞争对手逞强而不顾一切地扩展事业，我们没有必要做无谓的冒险，尽管我也是个无所畏惧的人。

当然，我们以现在的产品与人家的特制品相竞争，我们自然是逊色了些，同样的道理，我们也应该以自己的特制品重新夺回或占领更多的市场，从竞争者手中夺取更多的订单，以我们现在的规模和实力就做得到。

亲爱的小约翰，基于以上的原因，你觉得企业以这样的速度扩展如何？这样的话，我们可以适当地加班加点，为你所赢得的市场与订单而努力奋斗，能够遵循订单上的期限，并保质保量地交货。

　　在此，我可以向你保证，生产部门必将一如既往地生产高质量的产品。质量是最好的广告，你的新客户一定会继续和我们保持业务的往来。这样的话，我们的事业就能稳步扩展了，而且我们也能够应付自如，不会有太大的压力。

　　年轻人除了拥有豪情壮志之外，也是富有创意的，我非常期盼能看到你独特的创意。现在你已经成为企业的领军人物了，你想将企业这趟列车再提高 20% 的运行速度，我并不是一味地反对你，只是希望你一路顺风。你要知道，这样的列车一旦脱轨，后果是谁都负责不起的啊！

你的父亲

约翰·皮尔庞特·摩根

# 第十八封　成为最优秀的领导者

**亲爱的小约翰：**

恭喜你成为行业协会的会长，我作为父亲，为你高兴，为你自豪。你们协会里的每一位会员都绝非等闲之辈，你能够被全体会员推选为会长，证明你的才干不在众人之下，我为你感到骄傲，我的孩子！

对你来说，这是一件多么荣耀的事情啊！可是你的脸色告诉我，你好像并不开心。你感到有所不安，我可以理解，毕竟你还很年轻，想要领导这样一个精英团体，确实不是一件容易的事。

你也应该知道，这一协会也曾有过一位比你还年轻的会长，这就证明，并非年纪轻就不能成为出色的领军人物。在过去，这一协会也有过一名很不称职的会长，不单单是我一个人认为他根本不够格，绝大多数的同行都觉得他根本不具备领导者的条件，只不过是他的几个心腹通过拉拢和捧场的方式让他坐上了会长的位子。他在任期里，毫无建树不说，还暗地里以公肥私，难免对业界做些不利之事。

亲爱的小约翰，你是我一手调教出来的，我很清楚你的水平。你对工作非常认真负责，你目前的工作量已经超越了我的承受能力，可你却做得有条不紊、忙而不慌、繁而不乱，还无须加班加点。

以你现在的才干，以你目前在公司的地位，成为一名会长，还有哪一方面是你不能够胜任的呢？你又何必因为年轻而困惑呢？其实，正因为你年轻，你才有充沛的精力把工作做好，年轻就有力量，年轻就是最大的资本。

世界上并不是什么都可以用金钱买到的，比如阅历。现在正是你丰富阅历、积累经验的时候，更重要的是，你能够从会长这一职位中获得别处没有的锻炼和经验。

好好把握自己的命运吧！命运掌握在你的手里，我的孩子，我相信你有着比别人更充沛的精力和更坚强的意志。

许多人都认为，领导者生来就具有领导的天赋，这样的天才的确存在。书你念得比我多，你应该知道，通过努力学习而成为一名领袖的人很多。

只要你肯学习，只要你肯努力，你就能成为你想成为的人，比如医生、会计师、教授或者州长。

作为一名优秀的领导者，首先要有很好的人际关系，不管是谁，你都要与其保持良好密切的关系。我不是说要很圆滑，但至少不要因为某个意见或某件事与人闹得很僵，要善于与众人沟通，善于听取人们的意见，让大家主动配合你的工作。

这样，你就能在众人面前树立你的领导形象与威望。同时，你也需要寻觅一名可靠的、思维卓越的、能够给你出谋划策的秘书，来协助你的领导工作，选出合适的助手是很重要的！

其次，遇到问题的时候，要尽可能客观地了解问题、分析问题，抓住问题的核心所在，并把这些都以文字形式记录并保存好。然后再选择合适的时间，召集相关的人员，大家一起开个会，对问题进行彻底的讨论，共同商讨对策，寻找一个大家都能接受的解决方案。

在会议上共同讨论，各抒己见，集思广益。开会时，气氛要活跃，也要和气。作为领导者，你一定要做到这些，把大家都团结起来，让大家互相谅解、互相配合。这样许多问题都可以迅速得到解决。

作为领导者，做事果断、有胆略是必不可少的。每当实施工作计划的时候，你要按部就班地分配工作，要有秩序、有分寸。作为领导者，你应该秉持任人唯贤的原则，通过公平、公正、公开的方式选出某个任务的主要负责人。

必要时也可由若干骨干成员组成一个特别委员会，来实施那些重要的任务。采取这样的用人方式才能更好地完成计划和任务，要是你在这些方面都没有注意，身为领导者的你，将会遭受失败的惩罚。

委员会最重要的人员当然是委员长，委员长的座位谁都想坐，但是许多人却坐不下去，因为他们没有能力去完成委员长的职责与使命。当然，人无完人，无论曾经多优秀的领导者都不可能完全没有犯错的时候。当你发现自己已经或将要犯错的时候，就要马上改正过来。

如果有人明知犯了错，没有及时改正也没有主动承认，还以种种借口推卸责任，你就要很明白地告诉他，并以巧妙的方式辞掉他的职务，如果他主动离职那就更好了。

你选择委员的时候，一定要注重他的经验和能力，如果你能聘请到那些经验丰富的人才，并将他放到重要的岗位上，公司的计划和任务就能更好地实施与完成了。

就算中途遇到了困难，他们也会很快地为你想出理想的解决方案。爸爸一直都很相信你，相信你一定能成为一名优秀的领导者，你的才华与能力已经告诉我，你没有让我失望！

身为领导人物，你就是众人的焦点，所以你一定要注意自己的言行举止。你说话之前，一定要深思熟虑！话不要说得太多，也不要说得太满，要留有余地。该做的事一定要做，一切要按原则执行，这样你不仅不会输给别人，而且还能在公众面前树立良好的形象！

现实不是固定的，未来也是变化的，新问题不断出现，将来你一定会遇到许许多多的难题。你可能吩咐查理做这个、弗莱特做那个，或者让乔治忙东忙西，你千万不要这样做，问题必须由大家共同来商讨。

当然，你要规范他们每个人的职责所在，但不能把你该做的事推给你的下属，你的下属也不一定有能力去做。该是你下决定的事还必须由你来下决定，不要什么事情都推给特别委员会的委员长。刚才我也跟你提到了，遇到问题要抓住问题的核心所在，充分地理解事情的每一个方面、每一处细节。

身为领导者，你要好好地履行你的领导义务。不管是哪件事，最后都要由你来亲自裁决，至少也要经过你的审查与批准。在关键时刻，你必须抛开别人的意见，拿出你的主见来。要成为一名负责任的领导者，关键时刻你就不得不这样做，甚至是必须这样做！

事业上有成功也有失败，你肯定会遇到失败。失败并不可怕，可怕的是自己没有勇气去面对，没有能力与决心从中吸取教训、积累经验。有些失败是某种探索的结果，这些结果同样重要，失败的教训往往比成功的经验要深刻得多。

也许你觉得在众目睽睽之下失败是件很丢脸的事情，甚至想辞职从此过上隐居的生活。遇到失败与挫折，是否还有勇气坚持下去决定了一名领导者的最终成败。失败了，就更应该实事求是，问问自己为什么失败，好好地反思，寻找失败的真正原因，而不是寻找借口。

身为领导者，失败了就要主动承担责任，绝不可以把自己藏起来，更不应因此而消沉、自暴自弃。你应该知道，这个世界是优胜劣汰的，一个真正的领导者也无须任何人同情。

　　面对失败，你更要保持信心，总结经验教训，鼓足干劲儿，重整旗鼓，继续努力奋斗，认真落实每一个计划，发挥你的执着本色，这才不愧为一位合格而又优秀的领军人物。

　　要想别人服你，要想自己的领导身份得到大家的认可，你必须以身作则，率先行动。否则，你休息他们也跟着休息。上梁不正下梁歪，说的就是这个道理。你的行动是会影响整个团队的。

　　很多事情都有其两面性——好的方面和坏的方面，你都要考虑到位。在现实中，我们大多数人都不能全面把握问题，其中最主要的原因之一，就是我们没有考虑到事情的方方面面。

　　会长应善于听取众人的真知灼见。对事情的看法或分析，先听进去的话或先获得的印象往往在头脑中占有一定的主导地位，而后再遇到不同的意见时，就不容易接受。这就会使得自己的决策偏向某一方面，有失公允，如此一来，你就不是一名合格的会长。

　　所以，身为会长，你千万不可把自己的耳朵与思想都封闭起来，对每位会员的意见你都要认真地听取，对每个问题的事实你都要全面地把握，如此之后，你方能对问题做出果断的处理。

　　身为领导，你一定要不厌其烦地认真参加各项会议，耐心地听取各种各样的意见的同时，还要细心发问，自然而然地你就能得到非常妥当的决策了。这样妥当的决策，很多时候你一个人是绞尽脑汁也想不出来的。

　　有了正确的决策，你也就有了一种成就感，无论遇到什么困难你都能迎难而上、全力以赴。当然，事情是不断变化的，当问题出现新的变化时，你也要有勇气去改变原有的决策，让自己的决策更切合实际，并且对自己充满信心。这就是一名优秀的领导者所应有的优点与风格。

当了会长之后，你的工作更繁忙了，恐怕你越来越没有时间陪伴你的爱人了。我曾经对你说过，要平衡好工作与生活。你把大量的时间都投入工作，这对你家庭的影响肯定是有的，而且影响还不小吧！

所以你要想点办法来弥补。我觉得你可以带着你的太太一起外出，也可以带着你的太太一起吃晚餐，然后向你的同事介绍一下，说明情况，这也是一个不错的方式。

成为会长之后，来自你朋友的夸赞一定不少吧，你太太也会为你感到骄傲，她也会理解并支持你的工作。挑战总是有的，无论是过去、现在，还是将来，当你向困难发起挑战，并克服之后，仰望蓝天，体会那份酣畅的成就感，你就会觉得你的人生过得特别有意义！

你做会长是否做得很成功，现在还没有定论。但是，当你任期结束以后，如果继任者还能继续实施和贯彻你之前的计划和决策，那说明它们都是正确的、深得人心的，这就证明你是一名成功的会长。

不过，我也再次给你提个醒，如果同事和朋友极力地夸奖你的努力、赞美你的成功，无论是真心也好，恭维也好，你都要谦虚地对他们表示感谢。人的品格，常常在被人夸赞的时候体现出来，因为许多人都是经不起别人的夸奖的。

现在，我每次见到你，你都是电话不断，忙碌不停。为了整个行业的发展，你无偿地花费了大量的时间和精力，当你卸任会长一职之后，再回到我们公司的董事长座位上，会觉得自己的能力已经得到了很大的提高，到时候我只给你加薪20%，你也许还会感到有点委屈呢！

我刚才也说过了，这个世界上的许多东西都不是金钱能买到的，比如经验，比如能力。经验是你自己去学来的，处理问题的能力也是你自己获取的。

还有人际关系，以及你对这个行业的整体把握和认识，这些都是在担任会长职务期间所能得到的无价之宝，这是金钱无法换来的人生财富。尤其是能够成为一位优秀的会长，给你带来的荣耀与成就感，也是我们公司董事长这个职位所无法给予的。

*你的父亲*

*约翰·皮尔庞特·摩根*

# 第十九封　让你的演讲充满魅力

**亲爱的小约翰：**

我听说了，你的母校邀请你回校访问，届时你将为你的学弟、学妹们发表演讲，你一定感到很荣幸吧！是的，我也为你感到十分高兴。看来，你的母校很器重你，回想你还在学校的时候，各科的成绩都让旁人望尘莫及。

刚收到母校邀请函的时候，你喜出望外。现在，我看你在书房里也消磨半天了，纸篓里丢满了纸团，你是不是为写不出一篇像样的演讲稿而苦恼呢？

环境可以改变一个人，经历可以改变一个人的观念。比如，关于对我们这个行业的看法，你现在的看法与你还是个大学生时的看法是否截然不同呢？这个我不知道，只有你自己才是最清楚的。

我记得你曾经对我抱怨，没想到自己竟然会在这般无赖的老板（也就是你的父亲我）那里工作。我并没有因为你是我儿子就任由你在公司里搞特权。在家里，你是我的儿子；在公司，你是我的员工！

我告诉你，不单单是我，其实这个世界上所有的上司或者老板都是板着一副很令人讨厌的面孔的，对员工永远是批评的多。你可以将这些方面以演讲的方式告诉他们，让他们在毕业的时候，能够更快地适应职场。

演讲体现了一个人的综合表达能力，它凝聚了演讲者的社会阅历及情感体验，这是我个人的看法。至于你的演讲技巧如何，我拭目以待。

我想，你的口才也不比一般人差，至少你具备了优秀的演讲者必备的三项基本条件：一是出口成章的口才，二是随机应变的思维，三是两条久站不酸的大腿。

第一是口才，从古至今，各个领域名人的著名演讲都是语言艺术的瑰宝，他们站在讲台上口若悬河、语言得体、咬字清晰、声音洪亮，这些都体现了他们个人非凡的综合能力。

其实，一次成功的演讲往往需要多次练习。在演讲之前，你就要赶紧撰写演讲稿，如果是临时演讲，你也要迅速构思一下。

演讲稿的撰写需要考虑两个问题：你演讲的主题是什么（包括材料的选择）和你的听众都是些什么样的人，他们的年龄、文化程度、职业身份等方面你都要考虑一下。

这些你都考虑过之后，就可以构思成文了。写完之后，你还要反复推敲，内容是否妥当，过渡衔接是否自然，词句是否通俗易懂。你最好委托别人将稿子看一下，看看还有什么地方需要修改与润色。

演讲稿写好后，就可以开始练习演讲了。你可以在你的书房里练习，也可以在你的卧室里对着梳妆镜练习。练习的时候要注意音量是否合适，发音是否清晰，断句是否正确。

同时你还要注意的是，麦克风要与你的嘴唇之间保持适当的距离，而且距离不能够变化太大，否则你的声音会时高时低、时强时弱，会让听众感觉你的声音在空气中忽近忽远、忽左忽右地飘荡着，听不清楚你在说什么。

对于你的演讲，我想你的学弟、学妹们一定非常期盼，他们肯定不愿意错过你的每一句话。

有一点我想告诉你，你要注意你在讲台上站立的姿势，切莫扭扭歪歪、摇摇晃晃。你在讲台上稍有什么不当的动作都会造成听众注意力的分散。

练习十分重要，但练习与实际演讲相差很大。练习的时候你可能感觉很好，觉得自己讲得不错，但是当你面对广大听众的时候，你的心中还能保持那份坦然自若吗？你会不会过度紧张？

有所紧张也是很正常的，当你演讲的次数多了，你也就不会有什么担忧了。当然，现在你就要多加练习，为你接下来的这次演讲做好准备吧！

要成为一名优秀的演讲者，你一定要控制好自己的呼吸。如果你呼吸不平稳，演讲的语气就不连贯。所以，你要把呼吸、语气停顿及语速节奏相互协调好，这方面的经验我可以告诉你的也没有多少，只能靠你从演讲中不断地总结。

演讲要口语化，不要用那些生疏的书面语或生僻词，也不要说太多没有必要的华丽辞藻，滥用修辞反而有鼓吹之嫌！每一句话都要一气呵成，所以，语句不要过长，要尽量简练。

我们公司每月都要开会，开会的内容你也知道，就是对自己一个月以来的工作做总结。你可以趁这样的机会练习你的表达能力、演讲能力。我们公司还时不时地紧急召开某些研讨会，每个人都可能在研讨会上把自己锻炼成为演讲高手，你也不例外！

俗话说："台上一分钟，台下十年功。"经过多次练习之后，上台时你才能从容不迫、发挥自如，把以前的紧张与恐惧都克服了。为什么我们在公众面前演讲的时候，会紧张和害怕呢？这个问题我也有过不解，后来我发现，我也是个平凡的人，一样会感到恐惧，感到紧张。

当我自己站在讲台上，环顾台下，所有灯光都静静地照向自己，成百上千双眼睛都在默默地注视着自己，如此安静的大庭广众之下，几乎能听到自己的心怦怦直跳。我后来在一部关于演讲与口才的书上，找到了克服心理紧张的方法，现在我和你探讨一下。

首先，将双手轻轻地支在讲台的两端。这样做有什么妙处呢？妙处在于你能够有效地控制双腿的颤抖，还能够缓解紧张的情绪。不信你下次就试一试，你会真实地体会到，这个简单而又得体的动作会给你带来意想不到的效果。

其次，把陌生的听众朋友化。就是说把听众都视为你的好朋友，这样你就不会感到害怕了。他们本就是为了你的演讲而来的，难道他们还不算是你的朋友吗？

另外，还有一个小窍门，就是在你演讲的时候，不妨时不时地把自己的注意力集中在某个人的身上，也许这样你会感觉轻松一些。

还记得我曾经给你介绍过的那位长者吗？他的演讲可谓精彩至极。我曾经向他请教成功的秘诀，他告诉我，如果你想要做成一件事、做好一件事，你就必须做好充分的准备，这叫"有恃无恐"。

如果你准备充分，还用得着担心吗？演讲也是如此，准备了逻辑缜密、语言生动、内容丰富的演讲稿，你才会更加自信地登上讲台，也就没那么紧张了。

演讲结束后，你赢得了阵阵掌声，还有许多赞赏的话，这些都是你的收获。当你的心情因为演讲的成功而无比愉快的时候，你就已经完全克服了演讲的心理障碍了。

听众听了你丰富而又精彩的演讲之后，受益颇丰。当你演讲的主题引起了大家的共鸣，你会有一种巨大的成就感，许多爱好演讲的人就是为了追求这一最高境界。

熟悉演讲之人会巧妙地设下许多"圈套"，设法让听众对他演讲的话题感兴趣，把听众的注意力都吸引过来。他会说一些对听众表示尊敬的话，让听众感觉到他很亲切。

此时，听众不再感觉自己是在听演讲，而是在与他进行心灵的对话。这样，演讲者给听众展现了一个没有架子的形象，他紧紧地抓住了听众的心，直到演讲的结束。是否能够扣人心弦，这也是演讲成功与否的关键所在，其实，这也是可以通过自己的双眼观察出来的。如果听众定定地坐在下面，一直静静地注视着你，你就能感觉到他们的心和你的心是在一起的。

如果他们总在下面搞什么小动作，时而交头接耳，时而东张西望，或是在下面胡乱地翻着笔记本，那你就完了。多数听众对你的演讲肯定毫无兴趣，他们连坐都坐不住了。

虽然演讲失败了，但你也不要因此而垂头丧气，你必须振作精神，做一次冷静而又全面的分析，找出失败的原因。

当你演讲成功时，在雷鸣般的掌声中你一定非常兴奋；当你演讲失败时，你也不要总觉得自己是在众人面前出了什么洋相。我认为任何一次演讲都能够使你积累更多的经验，无论是正面的还是反面的，都是必要的。

演讲当然是台上的你担当"主演"，但是你应该适当地邀请听众们参与到你的演讲中来。许多资深的演讲者都注意到了这一点。他们会在演讲的过程中，特意空出一点时间给听众发表一下短评感想，或是提出问题进行短暂的交流。

这种演讲技巧你一定见识过吧！通过这样的方式，你不仅能够了解听众的心思，还可以与听众进行必要的交流，在交流中学习，也有助于增长自己的见闻。

更有意义的是，你可以借机打探听众对你的演讲感受如何。每一位听众都是冲着你的学问和你的名气而来的，他们都希望能够在你的演讲中了解或学到他们想获得的新事物、新知识。我相信他们听了你的演讲之后一定能获得他们想要的东西。

在别人的经验中学习，是一种非常有效而又直接的学习方式，每一位听众都深知这一点，希望你能够做好充分的准备，满足听众对你的这一期待。当你神采飞扬地接受了邀请函，准备到母校去演讲的时候，希望你能够将一切准备就绪。

我的孩子，以上是我给你提供的一些经验和建议，别的我就没有了。亲爱的小约翰，爸爸支持你的演讲，愿你能够呈现出一场精彩的演讲！

你的父亲

约翰·皮尔庞特·摩根

# 第二十封　在竞争中以和为贵

**亲爱的小约翰：**

　　如今正值你年轻气盛之时。在残酷的市场竞争中，打击对手是非常有必要的，但我觉得你打击对手的时候，态度和手段似乎有些过于强硬。中国有句古话："得饶人处且饶人。"

　　虽说商业竞争的本质是不择手段，但我们不要把自己的对手置于死地；否则那些与我们竞争的对手必将成为我们的宿敌，他们势必处处与我们针锋相对。在这种局面下，无论是谁都要付出惨重的代价。

　　得罪人是很不应该的。就算我们在市场竞争上强硬地战胜了对手，但对手一定对我们心怀怨恨，他们会像仇人一样对我们进行报复。虽然我们是比较强大的，但他们人多势众，万一他们联合起来对我们发起群攻，我们就招架不住了。

　　我们不如以和为贵，打击敌人的时候，留有余地，做到情有可原、理所应当、有法可依。为了企业的长远发展，我们不单单要顾好眼前的利益，也要顾及长远利益。我们不但要战胜对手，还要赢得对手的尊重。

怎样才能做到这一点呢？ 这就是我这次写信想要和你探讨的问题。我打拼了这么多年，我的竞争对手虽然遍布天下，但几乎没有谁与我针锋相对。为什么呢？

因为我一直要求自己谦虚而又自信。也就是说为了避免树敌，我们必须做到的是虚心，就像中国的那句名言所说的那样："虚怀若谷，方能容纳百川。"

自信固然重要，但若不把自信建立在谦虚的态度上，就很容易使自己傲慢起来。在你身上，有许多值得骄傲的优点，你在工作中一直都很有自信心，但是，唯有把自信心建立在谦虚的态度上才能保持理性，才能引导你把握好分寸，把事情做得更好。

很多人做事失败了，不是自己缺乏能力与信心，而是他们只知信心十足，不知谦虚谨慎，甚至使得自己变得盲目、固执。越是高层的领导者越是容易犯这样的错误。

因为身居要职的你权力很大，很少有人能够约束你，也就很少有人去发现或者纠正你的错误。这样你更需要批评与自我批评，要时常扪心自问，自己是否还在保持谦虚。

谦虚能让你更好地了解自我，你往往会发现自己并没有因为坐上了领导的位子就显得比别人更有才干；谦虚能让你更好地了解别人，你往往会发现原来你的下属也并不是什么都不如你，甚至他们在某些方面比你更有天赋或潜力。

　　谦虚能让你舍己之短，取人所长。当你的下属有什么好的建议或者计策时，你能欣然接受并付诸实施。这种群策群力的团队精神，更有利于企业的长远发展。作为企业的领导者，这不正是你所期盼的吗？只要你保持谦虚的态度就可以做到了。

　　身为领导，没有谦虚的心态，是难以听取员工的建议的。如果固执己见，你就总以为你的员工说的是废话；如果虚怀若谷，你自然就意识到他们所说的合理之处。为了让自己尽可能地少犯错误，你就应该虚心地接受别人的建议，以此来纠正自己的错误，弥补自己的不足。

　　每个人都有灵感迸发的时候，包括你的每一位普通职员，他们都有可能获得新的好主意，这也会对你有所帮助，虽是小事一桩，但也是你成功的关键，人生或事业的成功，就是这样点点滴滴积攒起来的。

　　除了虚心向自己的员工学习，还要虚心向其他成功的公司学习。你可以借鉴他们先进的生产管理方法、经营理念，来管理、经营自己的公司。只要你诚恳、虚心地向他们请教，一般而言，如果不涉及机密，他们肯定会很坦诚地告诉你的。

　　无论做什么，心态都是极其重要的。我们需要信心也需要虚心，不可以自以为是，也不可以毫无主见。你既要坚持独立思考，也要虚心接受别人的建议，这样你才能走向成功，走向辉煌。

　　若能虚心地向他人请教，很多事情都可以迎刃而解。与其自己一个人苦思冥想，还不如集思广益。记得以前，我们每开发一个新产品，都要为其定价大伤脑筋，价格太高了不利于上市，价格太低了收益又不好。怎么办呢？

后来一个普通员工给了我一个建议，而且这一建议一直沿用至今：对于定价的问题我们不如去请教市场上的零售商，他们天天与消费者打交道，一定比我们更了解市场的行情及消费者的消费能力。

于是，我们向零售商出示我们的新产品并问道："像如此档次的商品卖多少钱才合适？"果然，他们很坦诚也很周详地把行情告诉了我们，就这样，我们找到了合理的定价方法。这都是因为虚心向人请教才取得的好结果。

可见，虚心是非常重要的，希望你能够成为一个虚心的人。只有虚心向他人学习，虚心听取他人意见，才能够取得越来越大的进步，才能越来越快地走向成功。

你已经是高层领导了，我相信你懂的东西也不见得就比我少。作为企业家，在经营管理中，能力与方式固然重要，高尚无私的人格更为重要。

面对具有高尚情操及奉献精神的领导，全体员工也会被感染，也会受其影响而无私奉献地工作。

除此之外，还需要找到人生正确的立足点，那就是大公无私。唯有大公无私，才可以成为一个受人敬重的领导者。

要做到大公无私，就要有爱心，这就是我在这封信中想和你探讨的第二个问题。每个人都会先为自己着想，这很正常。话虽如此，如果一个人的心田因私欲的杂草而荒芜，那么这个人肯定会被个人利益所蒙蔽，像这样的人是做不了领导者的。这样的人就算做了领导也是鼠目寸光，没有远见，主持不了大局。

许多贪污腐败的人就是很好的例证，他们不但搞垮了自己，还搞垮了企业。唯有大公无私的人才能够兼顾周全，才能够维护集体的利益，才有资格成为大家的领导。

要成为一名出色的企业家，你就必须严格要求自己。考虑事情的时候，你必须始终坚持以集体的利益、公众的利益为先，才能让员工心悦诚服；你必须具备崇高的品德，才能达到自己的目标。

企业家一定要有一颗仁爱之心，并且胸怀正义，因为你要肩负起企业对人民、对社会、对国家的所有责任。项链之所以能成串，是因为有一根线将它们串联在了一起；如果没有了这根线，所有的珠子便会散落开来。

同样的道理，一个企业之所以能蓬勃发展、生生不息，除了设备、人才与技术，还有一样不可忽视的东西贯穿其中，那就是企业精神，也可以称作为人类创造物质财富的精神。有了这种精神，企业才富有生命力，发展才能长久。

企业要以生产物质文明为己任，必须以更高的效率，创造出更多优质的产品，来满足社会的需求，消除人民与国家的贫困，让人们的生活更加丰富多彩，更加幸福美好，这就是企业必须履行的义务与承担的责任。

虽说企业经营以营利为目的，但企业也必须承担社会责任。无论是创造物质财富还是精神财富，都是为了提高人民群众的生活水平，促进社会的发展与进步。

企业为了达到这样的目标，就要聘用许多的职员。身为领导，你更要关心你的下属、你的基层职工，是他们为了完成企业的使命而一直默默地奋斗着！

理所当然，他们也有权利获得与工作岗位相对应的良好的待遇。一名职员，无论是高层领导还是基层员工，他们都有权利享受到自己应有的幸福与快乐。

所以企业除了促进社会的繁荣与进步，还必须让全体职员幸福与快乐！如果缺乏这样的认识，单是靠自己的权力来驱使员工，是难以让人心悦诚服的。

作为一名具有爱心与责任心的企业家，当你发现职员犯错的时候，你务必要果断地纠正他。如果你为了某种私情而对其不究不惩，那么你就违背了你的职责，也违背了爱心的真谛。这样的下属你不处分，就是对他有爱心吗？不！这样反而是害了他。

身为领导，秉承着对企业和员工高度负责的精神，凡事应以大局为重，该奖的奖，该罚的罚，该关心的关心。这才是真正有爱心、有责任心的好领导。

作为企业的管理者，领略了爱心的真谛，你就会认识到爱护自己的下属是很重要的，你的下属也会因此而感激你，即使因错而受到你的严厉处置，他们也能甘愿受罚，并在惩罚之中全面反省、吸取教训、改过自新。所以，要赢得别人的尊重，要成为一名成功的企业家，爱人之心是必不可少的。

我不知经历了多少坎坷与艰辛，才打拼出今天的一番事业。回想过去的大半生，惨痛的失败我经历过，至于那些小小的过失，也是天天都有，时时刻刻都有。不过，这一切最终都会消失得无影无踪。

人的一生，不会随随便便成功，也不会无缘无故失败。很多人的失败，都是从炫耀自己开始的。任何人都有自己的志气与抱负，当自己梦想成真的时候，未免有几分骄傲，想以此向世人炫耀自己。

这样的一种心理，无论是什么身份地位的人都会有。不管这个人在哪里工作，他们人生失败的祸根，基本全部是在炫耀的心态中埋下的。

我们每一个人在悲惨凄凉的时候，无须抑郁独泣、望天长叹，在辉煌无比的时候，也不必昂首阔步、藐视他人。特别是别人捧场赞颂你的时候，你一定要保持清醒的头脑，不要被那些花里胡哨的言语迷惑了。

当你风光无限的时候，很容易陶醉其中，而陶醉之后往往极其容易迷失了自己，迷失了方向，乱子也就悄然而来了。为了防患于未然，必须不断地自我反省、自我检讨。人的一生总是变化莫测的，任何时候都可能出现意料之外的事情。

这又是为什么呢？谈到原因，总的来说还是许多人对自己的认识不够明确，缺少自我反省意识。事实上，不管是大公司还是小公司，都希望能够长期发展下去，但是如果在发展中，仅仅因为公司推出的一款新产品或者一项新策划而使公司的利益受损的话，这就纯粹是个意外了。

而造成这个意外发生的根本原因，归根结底还是在事情开始前没有先做好自我反省。现在我要让你思考的是，当你面临这样的情况时，你应该怎么做呢？

我觉得，不管是什么公司，当他们决定要推出新产品或者新策划之前，就该先仔细研究这件事会为公司带来的后果，如果赢利的把握本来就不大的话，最好在推出前就撤销这项提议。

但当公司商讨后的结果依然是新产品或者新策划可以给公司带来利益，并且公司也决定开始行动了，摆在眼前的问题是以公司的实力难以应对挑战的话，就应该想另外的解决办法了。

在具体事项的推进中，当公司遭遇资金短缺的情况时，就应该设法获得赞助资金，可以找银行借贷；当遇到技术的缺乏时，就应当设法寻求技术帮助，先请求同行帮忙，同行不行再求助外行，外行不行再求助外国，总之，直到找到最先进的技术为止。

我的孩子，你可不要小看了"先进技术"的问题，为了使公司的新产品、新策划达到预期的效果，就不要害怕代价的高低。当然，如果遇到高代价换来的却是低效益的情况，那又另当别论了。

人生在世几十年，我们需要在很多事情上不断反省，不断总结经验，才能获得最好的效益。这些经验有别人告诉你的，也有你自己总结出来的，我之所以有今天的成就，就是在经营公司的同时，还总结着各种经验教训，这样一路走来，才能够越走越顺利啊！

你的父亲

约翰·皮尔庞特·摩根

# 第二十一封　虚心接受别人批评

**亲爱的小约翰：**

你的事情我已经听说了，就在几天前，你的老师哈力批评了你，到今天，我都还能看见你眼中表现出来的不满。正是因为这样，作为父亲，我才写这封信来解开你的心结。

你应该清楚，在这个世界上，任何一个人都是不希望别人批评自己的。但是，你也应该知道，我们任何一个人都有犯错的时候。那么，当我们犯错的时候，"批评"便不可避免了。

我还要提醒你的是，在你的周围，存在着两种不同的对你进行批评的人，你一定要区分清楚。一种是发现你错了，指出你错误的真正批评你的人；另一种则是利用你的错误源头，借机批评你从而达到自己目的的人。这两种人，我想不用我说你也知道他们中谁才是真正对你好的人了。

在这个世界上，不管是谁，即便是最伟大的人，也有他性格上软弱的一面。一般说来，只有小肚鸡肠的人才会在很小的事情上斤斤计较，而不关心和注意周围的事物，更不会将自己的眼光放得长远一些。

依我看，在我们需要接受的"批评"中，如果按照数学的比例来计算，只有十分之一才是有价值的，而其余的九成中，都难免掺杂了个人的嫉妒、仇恨和歹意。而哪些"批评"是属于这其余的九成呢？这就需要你自己去辨别了。

所以，如果你只是一味地为别人的批评而愤愤不平，就会失去纠错的机会，同时也会失去进步的机会。这就是我要告诉你的，如何识别出有价值的批评比什么都重要。

怎么样？听了我的话，你现在知道你其实仅仅是在为了那九成的"批评"而烦恼了吧，如果你明白了，就请你赶快忘记那些无价值的"批评"吧！接受那一成真正有价值的批评吧！而那九成"批评"才是折磨你的真正源头啊！

说了这么多，你现在知道"批评"具有多大的杀伤力了吧。所以，以后你就更应该在听到别人批评的同时，先识别出那有意义的一成批评，进行改正，不然，你就会掉进别人在批评你时为你设的另外九成的无形陷阱，你将为了这没有意义的陷阱而长期懊恼和不开心，让自己的身体和精神都遭受伤害。

当然，你也绝不能因为那九成的恶意"批评"而把那善意的一成批评也否决掉了，要知道，那一成的善意批评会使你受益匪浅，甚至影响你的一生呢！

我希望经过我给你的分析后，你自己在以后给别人提出批评时，也要懂得很好地运用。因为，不论是谁，都愿意听好听的话，如果我们能把批评的话与表扬的话巧妙地结合在一起，被批评的人也就更容易接受你的意见了。

但是，如果你一定要用别人批评你的方法去批评别人，我相信，你自己应该很清楚这样做会产生什么样的后果吧！这样一来，你对别人的批评就会具有破坏性了，而被批评的人在接受你的批评时，心灵也会受到一定的伤害，导致他们不能正确地认识到自己的错误，从而在以后的工作中没有激情，工作效率低下，而这一切的后果，都是你直接造成的。

今天，你已经是一个主管了。作为一名主管，你更应该知道其中的利害关系，而你在给下属指出错误源头的时候，要巧妙地处理语言，这是非常重要的。

说到这里，我还要提醒你的是，在我们的日常生活中，还常常会忽略一个事实，就是我们身边的每一个人都有各自对待事物的态度和生活习惯。就像你在平日里与人交往时，有些人可以成为你的朋友，而有些人却使你感觉到拘谨一样，这就要求你对不同的人使用不同的交流方式。

举个例子，我们在同一个办公室内，有的人做事情的时候喜欢安静，而有的人却喜欢热闹；有的人做起事情来认认真真，而有的人做事情时却应付了事；有的人能够做好每一件事情，而有的人却经常做错事情。

对于这样的情况，我们想要激发办公室里所有人的工作激情，就必须对那些影响别人工作的人提出批评。

但是，你在提出批评的同时，非常有必要根据不同的情况区别对待。对于平日里本来就兢兢业业的下属，你只要稍微给予一定的提醒就可以了，但对于本来就很嚣张的员工，你就需要拿出强硬的态度了。

总之，你要记住一句话，那就是只有懂得掌握好方法去批评下属的领导，才是真正的好领导。

要知道，我们的生命不仅是由肉体组成的，任何一个人在拥有肉体的同时，还拥有心灵。而我们每个人的心灵，在别人不经意批评时都可能受到伤害。

虽然批评者的本意只是想要做错事情的人将错误改正过来，但被批评的人却会长时间地生活在难过和悲伤之中。这样只会使做错事情的人整天去想着批评者对自己的态度，而忽略了改正自己的错误。

正是因为如此，我还要再次提醒你，我的孩子，优秀的领导者一定是具备说话技巧的，不然就没有人会接受你的批评，不仅如此，说不定大家还会对你的批评产生反感和抵触的情绪。在公司里，如果大家都对你所说的话产生厌恶、抵触情绪的话，那么你的领导地位也就难保了，不能和下属和平相处的领导怎么能把公司的效益提高呢？

前几天，我从别的地方听说了一件事情，需要单独提出来和你讨论一下。那就是在现在的企业中，开始流行起了一种新型的经营管理模式。据说，这种经营模式具体到行动中就是公司领导把所有职员挨个叫到面前，再把他们前一段时间在工作中存在的失误和问题通通列举出来，一一进行批评、责怪。

老实说，当我听说了这件事情以后，我是非常心痛的。为什么呢？我想不用我说你也应该理解吧，这样做的话会对职员造成多么大的心灵伤害呀！

我敢肯定，在这些职员中，只有少数人能够承受在辛辛苦苦地工作一段时间后受到的待遇居然是被批评一通，因为这是多大的人格侮辱啊！根据这件事，我倒是想了一个好的建议给你，我觉得，与其在工作一段时间后给予员工批评和指责，倒不如每天对公司的主要干部进行考核，以便于常常提醒他们或者表扬他们。

我认为，下属当天犯了什么错，在当天得到合理的批评或提醒是最好的，何必一定要等到几个月后呢？我的意见是，对于错误的事情，千万不要拖到第二天才解决。

同时，我也深信，只有日积月累的技巧性批评，才能让职员更好地接受，才能减轻他们的思想包袱，使他们的工作效率得到提高，朝更好的生产目标迈进。

给你说了这么多，最终目的还是希望你能够从哈力批评你的阴影中走出来，我希望你能够冷静下来，思考一下哈力的为人，他对你的批评到底是我所说的九成没用的"批评"，还是那一成有用的批评呢？他对你说的话是仅仅为了满足他的私欲，还是的确为你提出了有用的建议呢？

如果你认为他说的话是那没用的九成"批评"的话，你大可以去找他理论，但是，在找他理论的同时，我仍然需要提醒你的是，你一定要控制好自己的脾气，千万不能和他大吵大闹哦！

我记得亨利·汤姆林斯有句名言：

千万不要被批评的风气击倒！

你一定明白我在这里告诉你这句话意味着什么。因此，在以后的道路上，你一定要认真地分析每一次别人给你提出的批评，并给予适当的回应。因为没有经过深思熟虑的批评就像城市里没有经过保养的下水管道一样，随时都有发生爆炸的危险！

不过，我的孩子，我只是针对那些不正当的恶意批评给你提出建议，你不能拒绝别人所有的批评，对于那些有用的批评，你还是应该接受的。

我们在成长过程中，会经历很多事，在这些事情中，我们不可能把每一件事都做得正确，我们也许会得到别人的表扬，也许会得到别人的批评，但是，不管你是批评者还是被批评者，都应该好好地学习对于批评的应对之道，这会让你受益终身啊！

你的父亲

约翰·皮尔庞特·摩根

# 第二十二封　关心并尊重员工

**亲爱的小约翰：**

这封信，我将和你讨论的是作为一名管理者，该如何管理下属的问题。你应该知道我和你讨论这个话题是有一定的原因的，就在昨天，我从旁人的口中得知了公司制造部门的米勒先生离职的消息。

我的孩子，你知道吗？听到这个消息，我感到非常痛心。你一定很奇怪我为什么会这么说吧？好的，孩子，就让我告诉你真正的原因吧！因为，我一直都知道米勒的确是一位难得的好员工啊！这些，或许是你不能了解的。

米勒入职我们公司已经十多年了，早在公司成立之初，我亲自管理他们部门的时候，我就发现了他做事认真负责、干活儿仔细等一些优点，只是，他的脾气总是让人捉摸不透。

我想，你和他不能好好相处，是和他怪异的脾气分不开的。可是，我的孩子，正是因为你不能够用心地关心自己的下属，才造成了米勒最后离去的结果。

我认为，一家公司的领导，在管理员工的同时，应该尊重和关心他们，如果这个领导无法做到这一点的话，那么这个领导就不是一个合格的管理者。而你呢？我的小约翰，你在这一点上也是不合格的哦！

一家公司，优秀的管理者应该要多发现和发掘公司中不同性格的优秀员工，然后再根据他们的不同性格科学地、合理地给他们分配工作，这样才能将他们各自的潜能发挥到最大的限度，为公司带来效益。

天底下没有两种植物或者动物是一模一样的，人也是一样。在你的员工中，他们每个人都有不同的思想，就像我们每个人都长得不一样，即便是双胞胎，也有各自的不同之处。

虽然我们有着这么多的不一样，但是我们生活在社会这个大家庭中却还是能够相处得很好，我们在自己的国家里共同生存、共同生活、共同做事、互相帮助，这是多深的缘分啊！

怎样才能科学、合理地管理一家企业呢？我认为，是在这家企业追求效益和利润最大化的同时，还要关心和尊重企业的员工。只有先把与员工的关系处理好了，员工干起活儿来才有激情，员工干活儿有了成绩，企业的效益和利润自然就得到了提高。

事实上，一些年纪比较大而且非常成功的企业家和资本家在追求公司最大效益的时候，在大多数的时间里都是有些疯狂的，尽管现在的社会已经是民主的社会了，但我们身边还是存在着暴君一般的企业领导者。

而这样的领导者一旦存在得太多，那为他们卖力的员工就会越来越少的。毕竟，现在的劳动市场流动量很大，愿意受工作约束的员工也已经不多，更重要的是公司经常更换员工也不是一件好事。

造成员工离职的首要原因应该是薪水问题，但是，你也不要认为你开的高工资就一定能够留住员工，有些时候，享有高薪水的员工同样会因为没有得到公司的尊重和认可而离开公司。你的下属米勒就是一个典型的例子。

说到底，你要留住员工，就必须先尊重他们，否则，你的另外一些下属也会选择和米勒一样的道路。

据我观察，在市场竞争日渐激烈的今天，许多企业管理者为了留住下属，都开始站在下属的角度去思考问题。他们考虑下属的感受，分析下属工作的动机，尤其重视动机的顺序。

相关人员曾经做过一项关于这方面的调查，结果发现，许多人的工作动机中，为了赚钱的工作动机仅仅占所有动机中的第七位。你或许想不到，多数人的第一工作动机是什么，我不妨告诉你，他们的第一动机是通过工作可以获得成就感。

由此看出，我们中的很多人，在完成了某件事以后获得的成就感其实远远大于所得的报酬。就我个人而言，当我完成工作后，最希望得到的也是别人的认可，这点比什么都重要。

可是，大多数管理者面临的最大的管理问题其实就是不懂得如何去表扬、认可自己的下属。

懂得表扬、认可自己下属的管理者一定是一个好的领导。因为，领导的赞扬，不光是对下属工作的认可，更能够调动下属对待工作的积极性。

表扬和认可下属的劳动成果，也许仅仅是几句话、几个微笑、几个动作，但得到的收益却是丰厚的、可观的。

表扬下属是一门高深的学问，不是每个领导者都能把这门学问学好的。因为，你只有将表扬的语言和动作运用得恰到好处，才能得到最好的效果。

你在适当的时候用很简单的几句话、几个动作表扬了你的下属，被你表扬过的下属就会认为自己的工作得到了领导的认可，就会更加卖力地做好自己的工作，而他也会找到自己的价值。

这样，他也就会更加拼命地好好工作，好好实现自己的价值。你的下属努力工作为公司创造了更多的效益，这不也正是你想要得到的吗？而这一切的一切，你完全可以做到。

也许这个时候，你又会问我，那么对于一些有缺点的员工你又该如何去管理呢？我以为，对于这个问题，我们应该采取客观的评价方式来对其进行管理。因为，这个员工在某一方面有缺点，并不等于他处处都有缺点，我们还应该从他的实际工作能力、团队精神及为人处世原则上来综合评价他。

就拿刚刚离职的米勒来说，我认为，他真的是名不错的员工，请你相信这一点。对于他的一些怪脾气，我曾经专门做过一个调查，我只是担心他的这种情况可能会造成业务上的损失。

并且，我还找了些跟他很熟的相关人员了解了他的具体情况，然后我发现，原来，我们手下的每个员工都有各自的生活习惯和工作习惯。

尽管如此，既然我们能在一起工作，这便是我们共同的缘分。因此，虽然我们大家的性格各不相同，却都在向着一个共同的目标做事，那就是为公司创造效益。

当我们指责他人与我们性格的差异时，其实，这些差异只不过是他们思考问题的方式不同而已，说到底就是我们每个人的看法、想法、人生观和世界观的差异，就好比不是每个人都觉得咖啡应该放糖一样。既然这样，我们何必勉强别人跟自己必须意见相同呢？

对于有缺点的员工，我们必须拿出一套科学的管理方法来管理。

第一步，你必须掌握这部分员工的第一手资料，再根据他们的实际情况给他们分配工作。

第二步，你在跟他们共事的时候，最好也不要去时时指出他们的缺点；否则，他们会联合起来让你下不了台。

最后一步，你在和他们相处的时候，一定要记住一个诀窍，那就是不要让他们非得按照你规定的模式做事。

你应该关心的不是他们做事的模式，而是他们按照自己的做事方法为公司赚得了多少效益。至于谁有没有按照你的规定做事，你大可不必去关心。

除非这个人的做事习惯已经影响了其他人。这个时候，你再出面干涉也不算晚。

我们无论做什么事情都应该经过深思熟虑之后再去做，这样我们才能收到最好的效果，而管理一家公司尤其如此。你要是想做一名优秀的领导者，就不是只管理好几个手下就可以的。

现在，我非常遗憾地告诉你，米勒的离职事件，证明了你，我的孩子，你还不是一名优秀的领导者。这只能说明，你离优秀还差一段距离，你还有许多地方需要继续学习，学习如何去做一名真正优秀的领导者。

为什么呢？就像你自己说的，你只是觉得米勒这个人不太容易相处，你就与他产生了不愉快，最后造成公司损失了一个难得的人才。

但是，我的孩子，你想过没有，米勒他只是你的一个下属，他为公司做出的贡献，公司上上下下的人都看到了，他从公司成立之初就一直任劳任怨地为公司工作，这些年里，他虽然脾气古怪了些，可他从来没有和公司其他员工产生过任何矛盾，不是吗？

反而是你，你是第一个也是唯一看他不顺眼的人。因此，我觉得，这个问题应该是出在你自己的身上，你必须好好地自我反省一下了。

我算了一下，你与米勒仅仅接触四个月而已，而你就用这几个月的时间一下子否定了他十多年的劳动成果，这难道不是你的错吗？

一名优秀的领导者，应该先花一定的时间去了解自己的员工，这样才能跟他们愉快相处。如果你真的用了足够多的时间去了解米勒，我相信你一定不会用怪异的眼光去看待他的，也就不会有今天的结果了。

作为一名优秀的企业领导者，不能以你的个人想法来衡量员工的好坏，也不能以你自己的好恶来用人，这样会使公司失去更多人才。如果你还要一意孤行，那么我得趁你还没有把其他员工都赶走的时候，赶紧另选我的接班人了。

儿子，你知道你把公司的老员工赶走，对公司造成了多大的影响吗？你知道公司每年培训新员工的费用会直接影响公司的进步与发展吗？你知道公司培训一个新人需要花费多少时间和金钱吗？

所以，你与一个老员工的和平相处是多么重要啊！如果你一直都保持着公司的稳定模式并不断向前发展，公司的前途会更加美好。而你若只是一味地更换新人，公司的发展模式就容易混乱，就会使公司的利益受损。

因此，和所有人好好相处，不仅可以营造工作上的和谐气氛，还能使公司发展得更快。

一个特别好的公司必须有一套合理的、科学的管理模式，当然也包括对员工的管理。因为，一家公司要顺利地生存和发展下去，员工的素质是首要问题。

所以，这里我要提醒你的是，你在管理公司的同时，还应该经常考核员工的工作业绩，特别是公司的一些新员工，你对他们的考核力度一定要加大，以免当他们成为正式员工之后所做出的工作业绩不能达标。

但是，对于公司的老员工，如果他的工作业绩没有达标或呈下降趋势，你就应该找一下自身的原因了。

而且，在寻找自身原因时，你先应该好好地反省一下自己的所作所为，在你不确定是不是自己的因素影响了他的工作效率时，你可以再找找他身边的人，看看他身边的人有没有捣乱，使他完不成业绩。

所有可能的因素都排除了以后，你才可以亲自找他交谈，把你的困惑告诉他，问他为什么没有完成预期的工作。

然后，你们一起来讨论解决问题的方法，看看到底该是你来帮助他呢，还是他自己就可以解决。要知道，当老员工的工作业绩出现问题的时候，有你在一旁协助他，或许只是花去了你的一点点时间，而为公司带来的收益却是非常可观的。

你细算一笔账，你跟下属将面临的问题讨论一下，再重新开展实施，顶多要一天或者几天的时间，大概仅需要花费公司五十美元而已，而你要是重新另请一个新人再来培训的话，算起来，这个新来的人可能将会花掉你们之前十倍的佣金呢！

做到爱护、关心、尊重你的下属，你才会成为一名真正优秀的管理者。一个好的管理者不仅需要管理好整个公司的正常经营，而且还要管理好整个公司的员工，你只有把这两点都做好了，我才可以放心地将一切交给你去打理。

你要记住，每一个员工都是一个宝藏，他们都有可以挖掘的潜力，为了确定我们的每位员工都能对公司做出巨大贡献，我希望你能够尽最大的努力，使员工在完成了自己的本职工作后，都能获得应该有的成就感。

这样的话，在你看见自己的公司飞速向前发展的时候，你也能体会到和大家一样的成就感。当你轻松地完成了自己的工作，又使公司获得了最大的效益时，你还有什么理由不高兴呢？

你的父亲

约翰·皮尔庞特·摩根

# 第二十三封　解雇职员的技巧

**亲爱的小约翰：**

　　解雇一个员工是一种无奈的选择，我完全了解你现在心中的无奈和痛苦，我知道要你解雇我们公司的总务部长，真的是一件很为难的事情。因为你知道，这个决定对于总务部长来说，是一个多么大的打击。

　　你在这种时候，为他人动了恻隐之心，使我看见了你身上的那颗仁慈、善良的心。对于你的这个优点，我是非常喜欢的。但是，我需要提醒你，你应该知道，每家公司的成功，都是和公司员工的共同努力分不开的，这是不可否认的事实。

　　如果我们员工中有一个人不能如期完成他的工作任务，这对于公司本身的发展并没有太大的损失，也不会产生特别严重的后果。可是假如我们换个角度来想，如果我们另外的员工可以比这个员工干得更好，那么这对那个干得好的员工是不是一种不公平呢？

同时，对于不能胜任这份工作的员工来说，当他再次面对这份工作的时候，他自己也会产生一种压力，他也会因为自己的无能为力而感到沮丧。与其让他每天在公司里度过不愉快的 8 小时，我们还不如让他一走了之呢。

实际上，就算你让这个不能如期完成工作的人留下来，当你安排他做一些比较烦琐的工作时，他也会感到一筹莫展。有些享有高薪的管理人员的工作，虽然人人都很向往，却并不是人人都能胜任的。当管理人员的工作能力低下时，公司也会对他们失去信心。

公司中还有一些员工，如果他们本身的工作能力超过了他们实际工作的需要，那他们在工作态度上就会没有激情，就会感觉工作非常无聊、乏味，工作起来就好像一个船员将船开进一个无风地段，任由船自己航行。

他会在心里认为自己的工作根本不值一提，觉得自己很了不起，得意扬扬，把谁都不放在眼里，以为谁都比不上自己。这种人，如果在我们的团队里出现的话，我们是可以毫无理由地将他解雇了的，而且，就算我们勉强留下他，他自己迟早也会离公司而去的。

我在上面提到的有这几种情况的员工，都是你应该解雇的对象。这里，我还要特别单独提出一类员工，你在人员的聘用上，也一定要注意。

这类员工就是不能够和其他同事和平相处的人。对于公司来说，虽然他有足够的能力去完成公司交代给他的工作，但他不能处理好与同事之间的关系。

这种员工，我就曾经遇到过。他们的某些表现就有可能影响到其他的员工，使其他员工不能好好地做事。如果在我们的团队中有这样的人出现，那么我们就要在我们所器重的其他员工因他而放弃自己的工作之前，先请走这个公司的破坏者。

好了，说了这么多，现在，让我们重新回到你正在面对的"无奈"和"痛苦"的事情上来吧！让我们一起来分析一下，你所要解雇的这位总务部长的具体情况吧！

你说，他的工作能力很强，是的，这一点，我也是看到了。可是，他的能力和他本人的缺点相比，不足以让他继续留在公司。你也是知道的，就他个人的性情而言，他总是给人一种不好的感觉，是什么呢？

想必你也知道，那就是他经常泄露我们公司的内部机密。你说，他作为一个总务部长，犯了这么严重的错误，我们怎么能原谅他呢？

事实上，我们已经给他很多次改过自新的机会了，可他总是记不住，总是要向外部泄露我们公司的机密，弄得你我都很为难，到了现在，事情已经变得很严重了，你说，我们还有什么好挽留他的呢？

我们与其老是这么对他心慈手软地拖下去，还不如现在就找个理由立即把他辞退。我也知道要解雇一个员工不是一件好事，但如果我们仍迟迟不对他执行的话，恐怕到时候我们公司的利益会遭受严重损失。

一家公司，要辞退掉一个员工是一件最普通不过的事情了，事实上，在我亲自管理公司的时候，也辞退过不少的员工。我想，只要你走出了这第一步，以后你还会辞退更多的员工的。

当你在面对即将被解雇的员工的时候，特别是你在和他们谈完话之后，你的心里肯定会非常难过，这些，都是很正常的事情，或者你还会犹豫不决，怀疑自己这样做到底是不是正确的。

但是，当你从公司的利益出发，冷静下来想一想，你就会发现，自己的做法是多么的明智，你还会认为自己应该早点做出这个决定，以避免公司遭受更大的损失。

辞退一个员工，的确是一件很棘手的事情，所以当你想到要辞退谁之前，先要反思一下，这个即将被你解雇的员工到底是哪里做得不好，是因为你给他分配任务的时候出了问题，还是他本来就不适合在我们公司做事。

或者这个员工在这个部门不能做好工作，在另外的部门却能做好；又或者这个员工在我们公司不能做好他的工作，却能在别的公司发挥他的特长？这就要求你在辞退掉他的同时，尽量做到不要伤害到他，毕竟，你们曾经共事过，你无须多树一个敌人。

还有种情况是，在你对员工发出辞退通知的时候，员工或许会问你辞退他的原因，对于这个问题，你应该怎么来回答呢？我认为，你的回答千万不能过于夸张地说出他的过错，但你也不能因怕得罪他而故意掩盖事实，这样会使他觉得你很虚伪。

因此，你应该用最巧妙的语言技巧来回答。比如，针对能力太强或者能力不足的员工，你可以这样说："公司做出这个决定，我很抱歉，我们一直认为你的技术不适合在我们公司使用，我觉得，其他公司更能发挥出你的专长。"

针对不能和同事处理好关系的员工，你可以这样说："我很抱歉，大家觉得你的性格和他们合不来。"

与被辞退者的语言交流是要讲究技巧的，当你说完了上面我告诉你的话之后，你应该迅速转移话题，给被辞退者一些力所能及的帮助，这样可以化解你们谈话时的尴尬。

比如，你可以帮他写一封推荐信，为他推荐一份新的工作，虽然在当今社会上，很少有人会这么做，但你如果这么做了，则会让被辞退者对你心存感激。

事实上，当你解雇了员工后，被辞退者最担心的是能否顺利地找到一份新的工作，而如果我们在这个时候能够为他推荐一份新的工作，做一个顺水人情，不是再好不过的事吗？

现在，不是有很多单位都会在选用新员工之前先对他的前公司做个了解吗？你这样为他着想，不过是举手之劳，而他心中对你的仇恨却会因此减少，有的说不定还会对你产生感激之情呢！

我在上面给你提的这个建议，其实是在帮助被辞退者减轻他重新找工作的心理压力。一般来说，被辞退者在找工作的过程中，他的经济状况会成为他的新烦恼。

在这个问题上，我给你的建议是，你在解雇他的时候，要依照公司的相关规定，给予他一定的解雇费。

当然，这里面不包括我们新聘用的员工，这些福利只是针对为公司做出过贡献的老员工而言的。我个人认为，每家公司都有责任为曾对公司做出过贡献的老员工做一些解雇后的经济保障工作。

关于解雇费的问题，你一定要小心处理。我们在辞退员工的时候，常常会因为解雇费的发放不当，招来一些麻烦。即便你觉得被你辞退的这个人的确没有什么理由给他发放解雇费时，你也要适当地给他一定的解雇费。

这样做了以后，我们才可以避免对方用相关的法律手段来维护他的利益，而且我们还可以避免他因为利益冲突而对我们采取报复行为。

我们一定要了解那些被我们辞退的员工的心理，他们对公司肯定会有不同程度的不满，有的员工失去工作甚至会丧失对生活的信心，这就需要我们尽可能地将对他们的伤害减轻到最低程度，给他们一些必要的帮助，只要你尽力去做了，所有的问题就不再是问题了。

为了避免你在以后解雇员工时产生不必要的怜悯情绪，在招聘新员工时，就一定不能马虎对待，也许这样也不能完全避免辞退事件的发生，但是，这样至少可以将事件的发生概率降到最低。

一家公司就好比是一个小型社会，每天都会发生不同的事情，所以，辞退员工这样的事，是每一家公司都不可避免的。而你，我的孩子，你在将来的工作中，遇到的也不会只有总务部长这一个被解雇者。

作为公司的领导者，事业的发展离不开顺利与困难，这就要求我们在面对困难的时候要努力寻求解决办法，而不能选择逃避。我的孩子，你必须微笑着面对你的工作，用积极的心态去解决工作中遇到的难题，这样你才能更好地完成公司交给你的重任啊！

你的父亲

约翰·皮尔庞特·摩根

# 第二十四封　对公司进行效率管理

**亲爱的小约翰：**

今天，我为你给公司更换了新设备的事情感到很高兴，我发现，我的儿子，你终于开始在事业上崭露头角了。我还听说，你现在还在为这些事忙碌着。你已经用行动证明了你的能力，同时也证明了你能够把在学校学到的知识和你这些年来在社会上积累的经验，真正运用到工作中去了。这是你走向成功的开始，爸爸为你感到骄傲。

本来，在这个时候我是不应该给你泼冷水的，但我还是要对你多说一句，就是你在走向成功的时候，还是要摆正心态。我们都知道，任何事情都有失败的可能，所以当你面对失败的时候，你一定要勇敢，并从失败中吸取经验和教训。

的确，让你承担失败，对你来说没那么容易，因为我知道，你一直都缺乏这种承认失败的勇气。说到这儿，你一定不服气，想要反驳我："如果我真的失败了，我一定会独自承受的！"

　　我希望你能说到做到，真希望我能在有生之年看到你的成功，这样也不枉我对你的一番教诲。

　　一家公司生存和发展的重要因素是这家公司最后到底能赚多少钱。关于这个问题，请你牢记，事实上，在我跟你谈起这个问题之前，你就已经浪费许多钱了，为了使你减少浪费，我必须对你再进行一些教育了。

　　公司效益和利润的来源只能是大家的团队精神，除此之外，别无选择。你作为领导者，要深思熟虑如何对公司进行效率管理，从而使公司赢利。就拿你现在引进的新设备来说，你在新设备的引进前考虑过是否有足够的资金去购买这些设备吗？

　　如果你的资金真的不够，那么，你可以以会计师的资格，通过从经营上学得的技巧，向银行提出申请，让他们同意贷款给你购买这套设备。这时，你只要说服银行，最后再交出所借贷资金的详细计划书就搞定了。

　　社会在不停发展，在不久的将来，公司员工的工资会随着我们产品价格的提高而增加。但如果你使用的设备非常先进的话，那么就不必为此事大伤脑筋了，同时，你还可以大赚一笔。

　　不过，在你正式使用新设备之前，我还要提醒你，你是否已经确定新设备一定能够为我们赢利？如果你只是一味地追求技术进步，却忽略了能否赢利的事实，那么也会使公司承担很大的风险。如果我们不幸碰上了金融危机，我们的公司极有可能会破产。

天底下没有什么事情做起来是一帆风顺的，经营一家公司尤其如此。你现在才处于管理公司的初级阶段，如果你在公司的计划运行时出了什么问题，这也是再正常不过的事情了，因为你对如何管理公司还缺乏一定的经验。

尽管你一时还很难做出决定，你也要先将哪一个部门该买入哪一种机器、哪一个部门不应该买哪一种设备等问题考虑清楚，同时，你还可以找公司中熟悉这些问题的员工，让他们帮助你做出正确的决定。

下面我要与你讨论的是效率管理中的成本核算问题，你可不要小看了成本核算，这是一个常常被许多公司忽视的问题，很多公司因为成本管理不当而倒闭。

我认为，你在管理那些大部分工作必须借助人力部门力量的部门时，应该向在公司中负责成本核算的员工寻求帮助，请他们对投入机器设备的最高成本、半自动化成本及生产线成本进行比较，最后再得出一个最好的解决方案，这样才能将我们的公司管理得更好。

关于这个问题，我建议你和厂长商量一下，我想他一定最清楚哪个部门应该实行自动化管理，哪个部门应该实行半自动化管理，怎样生产最具效率。

另外，你还可以找在生产现场的各个部门的具体负责人帮忙，因为他们对公司的了解比厂长更深入，他们能够提供给你更详细和更值得参考的信息。同时，我还觉得你应该听取质管部门的意见，他们一定也会对你大有帮助的。

在你分析完各方面的资料后，你需要弄清楚各个部门为你提出的每一条建议，这样对你会有很大的帮助。如果你还有什么不了解的，你可以直接进入工厂，到处查看一番，听一听真正操作机器设备的技术人员的意见，他们是最了解机器的人，他们会告诉你什么是最佳的机械，以及如何制造高质量的产品。

把你的员工团结在一起，凭借他们的经验，让他们提供最新的情报，听取他们的意见，让公司获得最大利润，这就是对员工的效率管理。它不是固定的规矩形式，也不是必须遵循的法律条文，主要是看你这个做领导的怎么来组织团结他们。

事实证明，在一家公司中，让员工参与效率管理是最明智的做法，因为没有什么事比被人要求提意见更值得高兴的了，所以员工都非常愿意参加。

特别是当某个员工做出的判断得到你的赞同时，这个员工再干起工作来，一定会更有积极性。

无论在什么时候，你都要明白，员工是公司的重要支柱，你在任何时候都不要忽略员工的感受，要寻找机会表达你对他们的诚意。

最完善的公司管理方式，不仅是靠公司的规章制度，还要求你科学地加以利用。你要想在员工身上收集有用的意见，就要具备敏锐的洞察力和谨慎的行事方式。

然后，你再将自己收集到的意见牢记在心中，并分析和思考，以便下一次再遇到这个问题时不至于措手不及。

另外，你还可以奖励那些敢于提出意见的员工，对他们的意见表示肯定，以避免他们害怕自己在提出意见后利益受损。例如员工也许会由于你提议购买设备的事而猜想你是不是要裁员或者减薪。而你呢？为了使他们心安，就应该在收集意见的一开始，就向大家说明你的目的。

任何一家公司，最关心的还是员工能为公司创造多少利润。我认为，你如果想要用最少的员工来干最大效益的活儿，你就必须减少新员工的引进。然后，你再重新给老员工分派工作，这样才能让公司收益最大化，同时也避免了老员工的失业。

不过，我们仍然可能会遇到社会发展中通货膨胀的发生，这样的话，员工的日常开支就会增加，大部分员工在这个时候都会希望能够涨工资。如果我们在这个时候可以提高生产效率，我们的产品就可以占有更多的市场，公司赢利多了，员工的薪水自然也就涨起来了。

当你和员工讨论时，难免意见会有分歧，这个时候你该怎么办呢？我建议你必须沉着、冷静，一定要稳住阵脚。比如你决定采用技工而不采用监工，那么，你在放弃采用监工时，一定要给出一个让监工满意的答复，这样员工的积极性才能更好地被调动起来。

效率化管理公司的另一个重要的因素，是公司流动资金的正确使用。因为流动资金是影响公司规模扩大的重要因素，它关系着公司能否顺利扩张。这就要求你在使用任何一笔钱时都要多加考虑，确定你是不是应该使用这笔钱。

特别是当你准备购买新设备时，则更要注意这些细节。你可以多寻觅一些生产这种设备的厂家，选择一个最适合自己公司的厂家，这就是人们常说的"效率的最大化管理"。

这里给你举个例子。就拿我们公司的装箱机和封箱机来说，我们现在的装箱机1分钟可以装箱200个，如果你买回来的封箱机1分钟能完成300个，那么是不是我们的生产线就不能按正常的速度配合了呢？所以调整生产线也是一件非常重要的事情。希望你能明白这个道理，购买合适的新设备。

要提高我们现在的生产效率，必须引进先进的生产设备，当你准备购买某种新机器之前，最好先参观生产这种机器的工厂，你可以带上厂长、技术员一起参观，同时也可以一起解决你们遇到的一些问题。

如果你看到的实际机器的性能并不像广告上说得那么好，你就应该直接向销售厂商询问，那么你受骗的概率就会特别小，甚至不会受骗，他们也不可能因为你是外行而欺骗你。

当你看好了新设备确定要买的时候，你最好仔细地调查这套设备的折旧期限、零件购买起来是否困难、经销商是否提供上门的售后服务等。

在这个时候，你最好与你带去的有关人员多多商量。因为他们是这方面的专家，你一定要借助他们的智慧，来完成你的购买计划。事成之后，你还应该给他们一些适当的奖励。

当你买回产品后，你的决策就基本完成了，这个决策将直接影响到公司的效率，特别是在新设备安装完成、开始第一次试用的时候，也就是证实你的决定是否正确的时候。

这时，你应该在场和全体员工一起观察你们前段时间共同努力的结果，要是大家发现试用的结果能够达到预期的效果，大家一定会齐声喝彩。

但要是你的决策出了错的话，我认为，作为领导者，你应该先承担起所有责任。

此时，员工心里已经很内疚了，我们就不要再责备他们了。在你下一次打算购买新设备时，我仍然建议你听取他们的意见。因为，中国有句俗话："三个臭皮匠，胜过诸葛亮。"

要想做好效率管理，另一个因素是发扬团队精神。如何发扬团队精神，让员工踊跃地把自己的成功经验发挥到最佳地步，是企业经常考虑的问题。

一家企业的运作就好像是在足球场上踢球，无论一个球员表现得多么优秀，最后能够赢球的关键，还是在于全体球员的共同表现、相互合作，而企业的发展也是这个道理。

说到这里，我还想再和你啰唆一下：对一家公司的效率管理，不仅仅是规定一套简单的规章制度就行了，也不是永远都使用那一种制度，你必须时常调整，才能达到最好的效果。另外，我的孩子，你为员工下达的任务，也不可能使每一个人都满意，但是，只要是你自己认为没有问题的，你就可以放心地下达这些命令。

你的父亲

约翰·皮尔庞特·摩根

# 第二十五封　管理好自己的钱包

**亲爱的小约翰：**

我很抱歉地告诉你，对于你作为公司的高级别预算领导，我想我应该给你打个不及格，特别是当我今天起床后，你向我提出要借 500 美元作为你自己的周转资金时，我深感意外。

而更让我吃惊的是，你的私人账户上，居然一分钱都不剩了。我一直以为，你对公司每天好几百万流动资金的预算、安排，都能管理得相当不错，自己的私人账户应该也不赖。那么，这到底是怎么回事呢？

哦，或许我的疑问会使你感到有些羞愧。事实上，发生这种事情，是许多高薪白领常有的事。我这样说，你的心里会不会好受一点了呢？

就在几天前，我去一个专门做税务业务的朋友家里做客，当他把我带到他的办公地点的时候，我发现，即便是休息的时候，找他帮忙的人也很多。

我的朋友告诉我，找他帮忙的大都是像你这样的高薪白领，他们去的目的就是避免没有缴税而引起税务机关的起诉。

我很遗憾，这样的事情今天也发生在了你的身上，这让我不得不考虑一下，为什么像你们这样具有大企业管理能力的人，却没有能力管理好个人财务。这难道就是人们常说的公司里具有强制的财务管理计划，而个人的生活里却没有吗？

今天，你变成"月光族"的事实，让我很不开心，因此，我要求你，从今天开始要学会管理好自己的个人财务。如果你不能克制住你随时想要花钱的意愿，那么我建议你可以试着想想自己的薪水已经被扣了税，把你的花钱意愿先放在你的实际收入之上。然后，你把每个月必须支出的钱一项项地列出来，再来看看你真正剩下的还有多少，而这个时候，你所剩下的钱才是你这个月可以自由使用的资金。

下面我们来看看你又该如何使用这部分的资金吧。我觉得，你可以选择两种处理方式：一种是把它全部花完，另一种是把其中的一部分存进你的户头。

我推荐你把钱存起来，因为除了你每月必须支付的经费，如房租、房贷、水电气费用及日常开支外，你还需要准备一些钱来应对突发状况。因为我们每个月都可能遇到一些正常开支以外的支出。

分期付款使人们在购物时方便、快捷多了。其实，分期付款同样也会给人增添不少烦恼。因为分期付款是人们冲动消费的罪魁祸首，容易使人染上"购物狂"的疾病。或许再过几年，很多人都会患上这种疾病，而且犯病的次数会随时增加。

零售商就是利用人们这种常常产生购物冲动的情绪，发明了分期付款，引诱我们毫无计划地购买一些没用的东西，让我们都患上这种疾病。

我希望你千万不要染上"购物狂"疾病，防止自己患上这种病症最简单的方法就是放弃分期付款。你可以随身携带一些现金，同时这也是控制自己少花钱的好办法。

因为你在每次用现金支付费用后，会发觉自己身上的钱在不断地减少，这会让你有所警觉。只要把我的这个建议认真地坚持上一段时间，你就会发现自己已经开始节约用钱了，你也会慢慢地养成适度消费的好习惯。

因此，你与其每次在分期付款单上签你的大名，还不如用现金支付更有警惕作用。

还有一个方法是，你还可以把每个月必须花费的那部分钱先存进银行，自己身上仅留很少的一部分，这也可以阻止你乱花钱。总的说来，如果没有分期付款造成的超额消费，你的钱一定不会那么快就用完。

真的是那样，花现金的速度一定比分期付款债务增长的速度慢。你完全可以试试，在一个月内都不使用分期付款，而改用现金来花钱，你的生活将会有什么变化。事实上，用现金去买东西是一件多么好的事情啊！可是，现在的人，怎么就是被零售商设下的购物陷阱迷得团团转呢？

　　如果我的这些建议还是不能帮助你的话，你还可以去学一个月的会计，我认为，这或许也可以减轻你在用钱没有限制时的苦恼。你还可以先做一个用钱计划，然后做一个预算表。一定要把这个计划当作重要的事情来处理，千万不要敷衍了事。

　　现在我再来和你讨论一下关于银行存款的问题。一般来说，我们将钱存进银行有两个目的：一是为意外的支出做准备，比如家里的家具突然坏了，需要购买新的；二是需要支付固定的开支，如每年需要缴纳的各种税款。

　　如果你觉得在银行里存钱是个不错的建议的话，那么从现在开始，从你每个月的收入中扣除一部分，把它存进银行吧！这个方式和你每个月要还房贷的方式几乎一样，只不过，房贷是定期还银行的钱，而定期存钱却是将你的多余资金存进银行。

　　如果你选择了这个方式存钱，你就必须每个月把钱按时存进去，作为你的固定费用支出，因为它是你必须支付的。我告诉你，这个方法非常好，你可以去实践一下，你可以以一个礼拜为基数，也可以以一个月为基数，这样，当你缺钱时，就可以使用这笔钱渡过难关。

　　如果你想有一个长期经济稳定的生活，我建议你可以先从买房子开始。我认识的很多人，包括我自己在内，我们的观点都是，买一个自己的房子比租别人的房子住要好得多。不过，也有特殊的情况，比如，当你的工作出现了调动，你住的房子和工作地不在一起，那么你搬起家来也是一件麻烦的事情。

就算这样，我依然认为，在我们所有的投资中，以房子作为最基本的不动产投资，是最好的投资，也是最理想的投资选择。

不过，想要买房，就必须先要存够首付，这样才能在以后的日子里按月或按季度分期还款。在这个问题上，你最好把分期付款的金额在买房子前先做一个预算，你只有这样做了，才能帮助你以后在偿还贷款的道路上没有太大的负担。

说到这里，我又要多说一句了，我的孩子。就是当你决定要付首付买房的时候，你不能用你手中所有的钱都去付首付。如果这样，当你付完首付后，你的手里将没有一分钱了。

同时，你以后的每个月都要背起还贷的重任，这样的压力，你确定你承受得了吗？

你有没有想过，你把所有钱都用在房子的首付上了，如果你的工作或者你的身体出现什么意外的话，你该怎么办？为了避免这种窘迫的事情发生，我建议你事先预算一下，算出你能够很轻松地支付房屋分期付款的贷款，这样，一旦你的生活发生意外的话，你就不会干着急了。

一个人如果在年轻的时候没有为将来打算，那么当他年老的时候，一定会遇到很多坎坷。你现在还年轻，还不会考虑到自己60岁后的生活。

你的这种心理我以前也有过，但我仍要在这个时候提醒你，你现在可以先贷款买一套好的房子，等到你和你的夫人退休以后，你们再换上一套普通的、便宜的房子。这样，你卖掉贷款的房子，把卖房子剩下的钱存进银行，就可以拿利息做你们夫妻俩的生活费了。

到那个时候，你的孩子都长大成人，分别都有了自己的家，你也就不需要用那么大的房子了。你住在一个小房子里，在冬季和夏季的时候出去旅行，把自己的小房子一关，也不用担心小偷会来偷你的东西，这是件多么好的事情啊！

好了，关于买房子的事，我们就先谈到这里。其实，买房投资只是投资中最常见的一种方法，现在我再给你介绍一下其他的投资方法，有股票投资和债券投资等。当你选择做股票、债券投资时，你必须先做一番很详细的研究，才能在投资中赚到钱。

也许，你会觉得我的这些话听来很保守，但实际上，关于股票买空卖空的事情太多了，在股票持续下跌的时候，最终它的价值会降到零。这种投资的风险真是太大了，如果你要在这上面投资，一定先要拥有非常多的闲钱才行，而且特别要记住的是，千万不能去借钱来做股票投资，不然你会输得很惨。

在这里，我甚至可以给你举个最简单的例子，你看你身边那些天天以投资股票为生的人，他们中有几个是在这上面发了财的？

我的孩子，你现在还年轻，从现在开始节约起来，把每个月多出来的钱存起来，可以减少你以后的许多烦恼。一对夫妻，在还没有小孩前，两人都有工作，他们的薪水加在一起用当然会觉得特别宽裕。

但是，如果是为以后做打算的夫妻，他们就会只用一个人的薪水，而把另一个人的工资存进银行，作为以后买房子的首付。同时，如果他们有欠款的话，他们也会在这个时候将它还掉。这些经验之谈，你必须记住。

也许，你会向我说，你认识的年轻朋友们总会把一些闲钱存进银行或家里，再等到冬天的时候出去度假，或者在每个周末开着自己的私家车到高级的餐厅大吃一顿。当然，如果你有足够多的钱，关于度假和吃大餐的花销你同样可以写进你的经济预算中去。

我认为，我们生活中还是需要一些乐趣的，但如果一对夫妻把他们每个月挣的钱都一点儿也不剩地花光的话，将来他们的生活一定不会太好过吧！尤其是在他们做了父母以后，他们的肩上将会多一份责任。

为此，我仍然建议你改正现在的花钱方式。对你来说，这也许并不是一件容易的事，就像有句俗话说的那样："由俭入奢易，由奢入俭难。"

我们的生活中虽然不能缺少花钱的乐趣，但亨利·戴维·梭罗不是也说过"世界上最富有的人是那些花最少的钱得到最大的乐趣的人"这句话吗？我希望你能认真地思考一下这句话的含义。

你要知道，在人生的道路上，你不可能事事顺利，你总会遇到一些意外的事情。为了让你的妻子和孩子在生活上有所保障，我建议你一定要为自己买一份人身保险，就算是将来作为你孩子的一笔教育资金，你也应该做这方面的打算。

你有把公司管理好的能力，应该也能顺利地计算出买入人身保险的具体金额。你可以尽你最大的能力去投普通的人身保险。至于保险公司业务员劝你买其他经济方面的保险时，你应该考虑清楚，就我本人认为，经济保险对于社会将会出现的通货膨胀问题，考虑得很不周全，你大可不必入保。

孩子，作为你的父亲，我没有权利调查你如何使用自己的薪水。但是，因为你以后会成为我的接班人，所以我对你的要求就要严格一点了。今天，我可以把钱借给你，但是你必须以每年20％的利息连本带息归还给我，从下个礼拜起，你的薪金每月都要扣掉10美元作为还款，同时，你必须写下保证书，签下你的名字，不能耍赖。

我这么做，是不是对你太不公平了呢？我希望你记住，下次再碰到你的支出大于你的收入，再向我借钱这种情况的话，我的利息就不只是20％这么少了。

当然，你也不要以为今天你向我借钱，就弄得我不高兴了，其实，我并没有不高兴，就像托马斯·肯皮斯有句名言说的那样：

　　不要因为无法让别人如你所愿而生气，因为你也无法让自己如你所愿。

你的父亲

约翰·皮尔庞特·摩根

# 第二十六封　勇于创新与突破

**亲爱的小约翰：**

你的来信我已经收到，你在信中提到，我们的思考方式存在差异，你认为我的思考方式有点过时了，在创新思维方面不如你们年轻人。

不可否认，在创新思维方面，我自认为的确赶不上你，可是，我需要告诉你的是，创新思维是要建立在坚实的基础之上的，并非空中楼阁，它需要有实际的支撑。

你确定你已经明白了"创新思维"的具体含义吗？很多人都把创新思维当作是疑难杂症预防方法的发现过程，或是一部小说的创作，或是什么东西的发明。当然，这些想法都是正确的。但是，创新不是在固定的行业里才存在的，也不是必须具有很高的智商才行，只要善于开发，我们每个人都可以创新。

让我给你解释一下什么是创新思维吧！比如说，一个家境贫寒的人由于在教育方面规划得当，最终使自己的孩子成为出名的大人物，这就是一种创新。

再比如，一个普通人，通过他的努力，最后使他居住的地方附近脏乱的街道变成了城市里最美丽的一条道路，这也是一种创新。这些实际的例子，也许你不认同，但是，生活是多方面的，我想，以后你自己会领悟到的。

事实上，在你的身边也有很多创新实例。比如，在你工作的时候，你想办法用最简单的方法保存自己的资料，或者向固定客户以外的人销售产品，或者让孩子去做有意义的活动，或者让员工能够真心地热爱他们的工作，或者阻止一次朋友或同事之间的口角争斗，这些事，你几乎每天都会遇到。

在这里，我给你讲一个寓言故事！我的孩子，这个故事能告诉你一些你还不明白的道理。

　　有这么一天，天上下着暴雨，有一个乞丐到一个有钱人那里去要饭。这个有钱人家的仆人对乞丐说："你给我滚！不要来打搅我们。"

　　这个乞丐立刻装出一副可怜的样子，恳求说："我可不可以在厨房的炉子上烤烤衣服？"仆人认为这不需要花费他们什么，就让他进去了。到了屋里，乞丐的身体暖和了起来。他对厨娘说："您能不能把小锅借给我，让我煮些石头汤喝？"

　　石头还能煮汤？厨娘的好奇心顿时被勾了起来，她想看看乞丐是如何用石头煮汤的。

于是，她同意了乞丐的请求，给了他一口锅。乞丐马上找了一块石头，洗干净后放在锅里煮了起来。刚煮了一会儿，乞丐又请求说："麻烦您再给我加点盐好吗？"

厨娘又给了他一些盐。接下来，乞丐又要来了香菜、薄荷。最后，厨娘还把一些碎肉末放到了汤里。

故事讲到这里，你也许能够猜到，当汤煮好后，这个乞丐把石头从锅里捞出来扔到路上，美美地喝上了一锅肉汤。

我们试着重新想象一下，如果在事情的一开始，这个可怜的乞丐就对为他开门的仆人说"行行好吧！请给我一锅肉汤喝吧"，结果会是怎样的呢？

因此，讲这个故事的作者最后在结尾处总结道："坚持下去，方法正确，你就能成功。"这就是说，很多事情之所以能成功，其实是用对了方法。用对了方法，事情就容易完满地完成；方法不对，不但不能把事情办好，还会带来更多的麻烦。

那么，该怎么样做才会有好的、正确的方法呢？接下来，就是我在这封信里想对你说的"创新思维"。

创新思维并不仅仅指人们已经拥有的知识经验，还有人们努力探索客观世界中还没被认识的事物规律后，开辟的新领域、打开的新局面。这个世界上，如果没有创新思维，没有探索精神的存在，人类的实践就只能原地踏步了，社会也不会再向前发展，甚至会陷入倒退的困境。

我们人类最大的优点其实就是具有创新思维，只是很多人没有将创新思维开发出来，所以只有少数人才能成为企业家。

一个人如果想要有一番作为，那他只有通过创新才能发挥出自己的聪明才智，才能体会出人生的真正意义和价值。在实践中，创新思维的成功应用，不但能给人带来最大的幸福，而且能鼓舞人用更多的热情去创新，进一步实现人生价值。

并不是只有天才才具有创新的本领，创新的实质在于找出新的改进方法。任何事情的成功，都是在于能够找出把事情做得更好的办法。所以，当你在工作和生活中遇到难题，你要多思考，多想办法，以锻炼自己的创新思维能力。

在传统思路的基础上再进一步探索就是创新思维的体现。优秀的企业家必须具备这样的创新思维，才能在残酷的竞争中遥遥领先，才能战胜商场中的对手。同时，在工作的方法上和思考的结论上，要独具慧眼，经常提出新的见解，做出新的发现，实现新的突破，才能成为优秀的企业家。

普通人在做事情的时候，一般都是用最常规的思维方式去思考问题，也就是沿着已经存在的路径继续走下去，重复别人的做事方式，这就是所谓的步人后尘。但如果一个企业也这样做的话，这个企业老是跟在其他企业的后面，就无法超越其他企业，就会渐渐落后。

别人过去实施过的做事方法，他的结论就已经成为现成的知识，这个知识在书本里就能够找到，真正的创新是要靠自己去实现的。所谓的创新思维就是要求我们解决在实践中遇到的新问题、新情况，而常规思维解决的仅仅是我们遇到的过去的问题的重复。

那么，该怎样去进行创新思考呢？我认为，这个关键在于你要相信自己能把事情做好，你只有先相信了自己，思想里有了这种意识，你的大脑才会快速运转，你也才会去寻求把事情做好的方法，这是成为企业家的必要条件。

只要你在平日里留心观察，就不难发现，你周围的人有两种做事风格：一种是直接接受现有知识和观念的人，他们总是满足于现在的生活，思想保守，对生活和工作缺乏热情，更谈不上创新；另一种人则恰恰相反，他们不甘心走别人的老路，常常不满足于现状，敢于向疑难问题挑战，积极探索，喜欢多观察和研究新事物，更善于改变传统的观念。这两种人中，后一种人才是具有企业家精神的人，也是值得你学习的对象。

创新思维不单是某个特定的规定和方法，它是一种独立的思考方式，它伴随着自己的灵感与直觉，是一种具有创造性的、灵活多变的思维活动。因此，它具有很大的灵活性、随意性，它会根据时间、地点等因素的变化而变化。这就要求你多观察、多思考，才会发现其中的奥妙。

我们在做很普通的一件事情时，不只是按照常人的做法去完成，而是用别人从未用过的方法来完成，这样的做法就叫作创新突破，也是创新思维的核心。它是没有采用前人的相同做法的，也是没有使用任何别人的经验的，它是在抛开以往经验的基础上完成的一种新生路线。

正是因为如此，我们便不能保证我们的每次创新思考都能得到成功，有时它也许会没有任何效果，甚至会造成失败。这就是它的风险性，但无论是什么样的结果，它留给后人的经验和教训都具有十分重要的意义，就算最后没有成功，也可以为后来的人提供一个参考。

就好比你工作上的第一次失误，虽然你没有做出什么成绩，但你通过这件事情，学到了很多东西。常规思维看起来很不错，但它存在着根本性的缺点，那便是它不能为人们提供新的启示，所以你要善于突破自己以往的思维模式去创造出新的东西来。

一个优秀的企业领导者，为了了解新生事物，总要去想一些别人没有想过的问题，找寻出一种自己的独特见解来分析事物，再在此基础上获得自己的认识和方法，以便使自己的认识能力得到提高。

我希望，孩子，你在生活中，也要做一个优秀的企业家，多寻找创新方法，提出一些新的观点，逐渐形成新的理论，再做出一次次新的工作创举，为企业的发展做出最大的贡献。

对有的人来说，让他做出一件创新的事情来，他会认为比登天还要难，那是他的意识里认为只有少数人才能创新。事实上，在我们的生活中，创新时有发生，并且创新的内容也是多种多样的。创新并不是只有科学家才能做，它遍布我们的日常生活。

在我们的周围，有很多人都在进行着各种各样的创新活动，有生活上的，也有事业上的，我们随处可见人们为了改变事物的平常性而做的创新努力。

随着社会的发展，我们的理想和目标每天都在改变，为了生活得更好，我们不停地创造着新生的事物，这就是一种创新。说来说去，人类的幸福就是一个不断创新的过程，我们追求幸福的步伐永远不会停止，就像我们创造新生事物永远不会停止一样。

创新是幸福的根本，它是一种力量，是生活中最大的乐趣，我们的幸福生活就是在创新中诞生的。那么，我们生活的乐趣是什么呢？要我说，它应该是如同艺术的一种创造性劳动，是一种高技术的生活方式。假如你喜欢自己的工作，那么你就肯定能够从工作中找到劳动的快乐，而这也是我们生活的意义。我的孩子，我给你讲这些就是想告诉你，创新和幸福是有一定联系的，幸福生活的原动力就是对生活的创新。

我这样说是有根据的，因为我们都知道，我们的幸福是建立在物质需求和精神需求共同满足的基础之上的，但由于我们每个人的满足程度不同，所以，如果我们要想得到更多的幸福，就要靠劳动来创造。

你的父亲

约翰·皮尔庞特·摩根

# 第二十七封　企业经营要多元化

**亲爱的小约翰：**

我很高兴写这封信给你，特别是当我听说你对我们企业的经营范围提出了建设性意见，还有你对分散投资风险有了更深层次的研究与评价，以及你对规避投资风险有了具体措施以后，我感到非常欣慰，觉得我的孩子确实成熟了不少。

是的，从我进入商界的那一天起，我就一直在为公司的资金安全做努力，把多元化的经营当作我们经营的基本目标。现在，你正是想到了企业管理的安全性，要将我们公司的全部资源放在同一个项目上，以便获取更大的利润。

我知道，现在公司很多人都同意了你的这个意见，因为，这个办法真的可以使公司发展得更快更好。这里，我想简单说说我的几点看法。

我一直要求企业经营要多元化，这样才能将风险降到最低，正如一句名言："不要把鸡蛋放在同一个篮子里。"

因为篮子总会有不安全的时候，如果把鸡蛋全部放在一起，当篮子出现问题的时候，所有鸡蛋都将被损坏；但如果把鸡蛋分别放在不同的篮子里，总会有一个篮子是安全的。这个道理非常简单，我想你也一定理解。

所以，当我准备做新投资的时候，我马上就会想到两点：第一点是，如果我要做这项新的投资，我的经济能力是否允许？第二点是，假如我真的做了这项投资，我的下属中是否有具备相关能力和经验的人才能够完成这项新的投资？只有这两个问题都得到满意的答案后，我才会继续考虑这项投资的其他问题。

优秀企业家需要有聪明的大脑，他的聪明不仅要用在对企业内部的管理上，还要使企业能够不断壮大。如果我们要投资的新项目和我们企业自身的项目有重合，就不会有很大风险，只不过是我们企业的一次横向发展罢了。

企业的发展和壮大离不开多元化的经营，这种经营模式能使企业向更加稳定的方向发展，它能够保证企业的资产不会有太大的损失，而且还可能让我们有机会获得更大的财富。这也正是我主张多元化经营的主要原因。

因为，从创业最艰难的阶段走过来的企业，为了能够守业，多会维持企业的现有项目，而不会进行新的投资。特别是在最初的创业中遭受过失败的企业，则更希望全力保住自己现有的事业。

事实上，我在我们公司的发展上也花了很多的时间和精力。通常情况下，一个优秀的管理者在管理和经营一家公司时，一天只需要花两三个小时的时间就可以把公司的事处理好了，可我每天至少要工作八个小时。

我大部分时间都在做着相同的工作。如果我请人来完成自己的工作呢？那我不是就有很多时间去做其他事情了吗？

我以前的经验让我明白，赢利的机会往往在不同公司间轮转。因此，如果你拥有好几家公司，那么你这一年中，至少也有一家公司是赚钱的。我开公司的这些年，这样的事情发生得太多。由于我每一年都有赚钱的项目，所以就算是我在别的项目上亏了钱，但总体上还是赚钱的。

在商界，你要想使自己的公司真正地立足，就先请你不要太过于自信，千万不要得意地认为自己经营的任何项目都能够获得成功。因为，同时拥有好几家公司却遭到失败的企业家有很多，你只有不盲目地将资源集中于自己的某一种项目，你才能在其他的项目中得到利益。

要想成为最优秀的企业管理者，你必须具有处理各种紧急状况的应变能力。你还必须能对很多不确定因素客观评估，以便随时做出应对之策。若你的经济能力不能够承受的话，你还必须做出相应的决策，尽快想办法解决。

在我管理公司的时候，让我最不能接受的是，由于我自己的管理不当而为公司造成大的亏损。你也许会觉得我的想法很奇怪，但是，在公司经营管理的过程中，如果在一件事情上有大笔的亏损便马上减少所有的经费的话，那是很愚蠢的做法。因为，收益表不能明确地表明赢利的项目，那些赢利的项目最有可能被削减经费，甚至被终止。

如果一家公司到了必须削减经费才能支撑下去的时候，公司的经营规模肯定会缩小。但如果你再重新将公司的业务整理一遍，把公司不赢利的项目去掉的话，就能增强公司的竞争力。所以，只要你有勇气重新组织一次公司，就算到了最绝望的时候，公司大不了关门算了，那又有什么不可以呢？

想要把一家公司经营管理好，特别是想要得到一家充满生机活力的公司，你就须特别注意资金和人力资源的管理。许多原本很有发展潜力的公司，就是因为公司领导将公司的发展放在了第一位，在发展的过程中忘记了对公司资金和人力资源的管理，从而导致公司倒闭。

金字塔之所以能够堆积得又高又稳，是因为它有坚固的地基，一家公司的平稳发展也是这个道理。世界上的事情从没有容易的，管理好一家公司则更不是一件简单的事情。

虽然全心全意地工作的确能在公司的发展中起到不小的作用，但除非公司的所有事必须由你自己亲自完成，不然你真的没有必要样样事都亲自做。因为你会为此而失去很多成功的机会。

你可以用你剩下的时间换一种思维，换一个角度思考问题，然后再去研究新的事业，这样你成功的概率才会变大。不过在你研究新的事业前你还必须有完整的计划和足够的资金，不然，你做的一切也只是无用功。

要想把公司做大做好，你必须有一套合理、科学的资金管理体系，不然，公司就很难在社会上立足。由于管理不善而使公司破产的事经常发生，特别是在石油行业中，破产的企业很多。

这些石油公司，可以说都是相当大的企业，可他们都因为管理不善而破产，我们这些小企业就更不用说了。

这就告诫我们，在管理公司的同时，千万要加强对公司资金的管理，要时刻保持警惕，才能有好的收益。不过，不管是哪家企业，它的规模都不可能一直那么大，它有可能会越来越小，也有可能会越来越大。

因为，一家企业的发展总是经常性变动的，它的变动则全要靠企业经营者的超人智慧。不过，据我所知，有这种才能的人并不多。

企业的多元化经营是在原有的基础上科学地、有计划地扩大公司的业务、生产，而不是盲目地扩张，更不是彻底改变企业的经营理念。其实，我们身边很多企业就是在放下原有的产品，或者直接收购别的公司或原料供应商，生产附加价值更高的同类产品。

就好比我们做钢铁的企业，去收购一些我们不懂的家具企业或者汽车机械企业的话，那我们的企业离破产的那一天也就不远了。

一家企业如果想利用多元化经营使公司赢利，那它必须有自己的一套管理方式，还要明白一个重要的道理，那就是与其收购一家小公司，还不如挖走那家公司最出色的管理者。

我就曾在这上面吃过亏，在连续三年中换了三名常务董事。现在想起来我当时真是太不懂得用人了，正是因为我的失误，才使我差点将那家分公司卖掉。

后来，我改变我的用人策略，选择了一名工龄较长的职员，让他来担任这家公司的管理者。我告诉他，如果他能够管理好他手底下的人，并把公司经营得好的话，我就给他很高的薪水。结果是，那家公司在他的带领下，终于起死回生，最后还为我赚了不少钱，而与此同时，这家公司的离职率也降低了3%。

总之，是否多元化经营，要先根据公司的具体情况来定，不然，我们不仅不能使公司赢利，最后还会把好事变成坏事。而作为公司的领导者，管理好公司是你义不容辞的责任和任务。

就像安德鲁·卡耐基常说的那句话："一家三代人不会个个都干同一种工作。"我现在已经提醒你可以选择做一种和我的工作相近的工作了，就是对公司的多元化管理。请你不要为了反驳卡耐基的观点，而故意继续只做我这一行。我已经为你指明了方向，希望你不要辜负我对你的期望，我的孩子！

你的父亲

约翰·皮尔庞特·摩根

# 第二十八封 与银行愉快地合作

**亲爱的小约翰：**

关于你这次没能如愿从银行贷款的事，我很遗憾。我知道你一直在忙着公司的生意，以至于没有处理好与银行的关系，所以，当公司的资金周转遇到困难时，你只能一筹莫展。

你一定以为，像我们家这么大的企业，从银行贷款，应该是一件很容易的事情。那为什么现在你向银行开口了，他们却要为难你呢？

对于你的困惑，我想我有必要专门给你分析一下，然后再告诉你，该怎么与银行建立起良好的合作关系。

我觉得，你工作了这么久，也应该积累了一定的经验，把这次申请贷款的事情完全交给你来办，相信你也可以从中学到很多在书本上学不到的金融方面的知识。

事实上，很多企业家像你一样，平时因为工作忙碌而忘记了银行的作用，直到公司的资金周转遇到困难，才匆忙去银行贷款，结果往往不是被拒绝，就是贷款被撤回。此时才恍然大悟，想起银行的种种好处。

很多企业家都会因为这类事而苦恼，这让我也有点想不通了。因为，我们通常都只关注自己的工厂、机器、产品、职员、客户，却忽略了与我们还有一层重要关系的合作伙伴，那就是银行。

我是在没有借助一点银行好处的情况下起家的，而你是在我们企业和银行有过合作以后才进公司的，所以你缺乏与银行打交道的经验，这也是我并不责怪你被银行拒绝的首要原因。

我知道你之所以自以为银行会帮助你，是因为在这以前，我们与银行的多次合作都一直非常顺利。也正是因为如此，你才会对这次的贷款抱着必定会成功的信心。然而，正是你的过度自信，导致了这次贷款申请的失败。

我能理解你现在的失落感，特别是当你的贷款申请并未如预期般顺利时，你也许会想：银行怎么能这样对我？难道是他们不认可我的申请吗？

请你再仔细地读一次自己的贷款申请，再认真地思考一下是不是你写的申请出了什么问题。

你不要以为银行在故意刁难你，你不应该这么想。你应该站在银行的角度去思考一下问题。因为，为了使借出去的钱都能收回来，银行非常注重挑选合适的客户，他们常常需要筛选掉那些没有能力还款的企业。

所以，银行不可能同意每一名贷款人的申请，你想得到贷款，就要拿出自己能够还款的有力证明。这是非常重要的。

如果你想成功贷到款，你就必须认真对待你的贷款申请书，这非常重要。据我推测，你没有得到银行的贷款，主要原因可能是你的申请书写得不够好，以及你过于自信了，认为轻易就能收购那家公司。这些因素共同导致了你最终没有得到贷款。

你要知道，银行愿意贷款给你同样也是为了自己能够赢利，而你在写贷款申请的时候，就应该向他们表明，你凭什么能够很快赚到钱再还给他们，你要让银行家对你将要做的项目感兴趣，他们才可能出手帮你。

而且，银行本身也有审核程序，慢慢地你就会发现，他们是因为真心想跟你合作，才会要求你认真对待贷款申请书。到时，你也会明白，你最开始的申请书上只是一味地强调你需要向银行贷多少钱，而忘记说明公司要扩大项目的原因。

所以，你现在最好先冷静下来，把贷款申请书的内容分析清楚，仔细想想你收购这家公司后到底能不能赚到钱。不然，当你真正将这家公司收购却不能为自己的公司带来利润的时候，银行的贷款你拿什么去还呢？

你准备收购一家公司时，应该先考虑清楚，千万不要为了扩大自己公司的规模而轻易做出决定，有句俗话叫"欲速则不达"，就是这个道理。

收购一家公司就如同你对一位漂亮的女士一见钟情，即使她从头到脚的每一个细节都让你心动，但如果你们性格不合、没有共同语言，那么你也不能娶她回家。

收购一家公司的道理也是一样，你对一开始没有发现的问题和一开始就已经发现的问题，都应该考虑清楚。不要仅凭一时兴起，就要把它买下来。

事实上，银行那边调查过你想要收购那家公司的目的，他们发现你是要用银行的钱去买下那家公司的债权，他们对你的这个做法感到十分困惑。对于他们来说，他们更在乎的是这家公司的实际产品，以及能带来多少利润，这样在你贷款到期时，才有足够的能力偿还他们的钱。

还有一个让他们没有贷款给你的原因是，单从你计划书的收购价格来看，你本身的流动资金也相当有限，如果要让他们相信你一赚到钱就可以偿还他们的那一部分，你也应该先向他们表明你在这次投资中，自己要先担负起 20% 到 30% 的风险资金。

这样的话，他们才能确定自己投入的钱有所回报。另外，如果能够确定你的投资很快就能得到收益，你自己也会非常高兴的，不是吗？

每家企业都有自己的投资方式，银行也一样，所以你想要得到他们的投资，就必须先写好你的可行计划。也许你的想法和我完全相同，但具体做起来就不是那么容易的了。

因此，你应该更好地运用你的人际交往能力，尤其要运用自身的资本和时间，和银行建立起密切关系，这样你跟银行合作起来才会愉快。

与银行建立合作关系，这并非一蹴而就之事。刚开始，你可以请银行的有关领导吃顿饭。事实上，你从来没有请过任何人吃饭。我认为，你确实应该改变以往那种与人打交道的方式了。你自己想想，当你在和他们交谈的时候，与其坐在又冷又硬的办公桌前，还不如把他们请到餐桌前，在轻松愉快的用餐氛围中边吃边谈。

你想一想，这样是不是更好一些呢？你会问，如果他不跟你去餐厅呢？那样的话，你就多邀请他几次，直到他答应和你吃饭为止。等到他赴约的那天，他不仅会感谢你真诚的邀约，而且对于你的请求也会认真考虑的。

只要这样交往下去，当你们的感情日渐加深的时候，你先向他报告你的事业计划，再向他提出你的贷款要求，此时，就算他要拒绝你的要求，也会碍于你的面子答应先考虑一下。

说到这里，我还要补充一下，你不要以为人家吃了你的饭就一定会立即同意给你贷款，因为和你一样想获得贷款的人有很多，他们大多都用这种方法先和银行家建立关系，但是能不能贷到款，并不取决于吃你几顿饭。

你在饭桌上提出贷款请求也是要讲究技巧的。你最好是在饭后吃点心的时候提出你的请求，这个时候，银行的领导也许会委婉地表示愿意考虑，但也许还会劝你放弃自己的贷款计划。

不论他的表态是怎样的，你都应该抓紧时间向他表明你的偿还能力。这是个非常关键的时间段，它将决定你能否成功获得贷款，因此，你一定要抓住这个机会。

不如你明天就约个时间先找找银行的副总吃顿饭吧，你先找副总，因为他最了解自己的上司，知道他的领导有些什么喜好，你先建立起这层关系，再在适当的时间请他们的总经理吃饭，这样一来，事情不是就更好办了吗？也许，副总的建议对你会大有帮助呢？

我们都知道"吃人嘴软"这个道理，而且，天下也没有白吃的午餐。既然这样，他们肯定会在你的请求之后，再次审查你的计划。或许，当你再次遭到拒绝的时候，你也会发现是自己的计划出了问题呢。

因为银行总是会非常认真地帮客户分析计划方案，看客户的方案到底能不能赚到钱，这也正是他们日常工作的内容。而我们在这件事情上，一年才有一次机会去专门研究。

虽然新项目不能成功贷到款会让你苦恼，但总比当你把一切都做好后，才发现自己引进的新项目原来是个垃圾好一点吧！所以，在有些时候，银行对你的忠告，你还是应该听一听的。

另外，当你再收购公司的时候，我认为你最好是找找公司的所有权人再详细地谈一次，和他再仔细商议一下，关于他们公司的债权问题、库存商品问题等，然后看你的收购价格能否再做调整。

你还可以给他提出条件，让他自己把公司的债权留下，我们只买下他们近 6 个月内生产的库存商品，这样不是更好吗？

你的父亲

约翰·皮尔庞特·摩根

# 第二十九封　企业应当守法经营

**亲爱的小约翰：**

我非常欣赏你在守法经营上所做的一切，特别是从最近的公司安全检查一事来看，你在这上面的做事风格，处处都表现了你的守法精神。要知道，在我们这个国家，守法经营是非常重要的，这也是我们企业生存和发展的必要条件。

事实上，我也是很支持你坚持守法经营的观念的，但是，这些年来，由于我经历过很多事，我明白了一个道理，那就是，其实法律的规定和它的解释是相对独立的。作为企业，我们应该灵活地运用法律，给公司带来利益，这才是企业经营者守法经营的重点。

那天，你向监察员提出抗议，不停地向他们讲述我们守法做事的原则。尽管你已经为他们讲得非常详细了，而且你提供给他们的材料也足够证明你所说的，但他们还是坚持对我们公司进行检查。

由于我当时没有在现场，所以我也只能相信你说的话，认为是监察员的观察和判断出了一点错误。不过，在这里，我却不得不说，对于这件事情的处理，你也有失误的地方，那就是你没有灵活地运用法律条文来保护公司的利益。

的确，让监察员单纯地相信你所说的话是有一定难度的，当你再遇到这种情况时，你最好的做法应该是，重新思考一下公司的实际情况，再一次确认我们公司是不是按照国家规定在做事。如果我们公司确实是守法的好公司的话，那么我们就可以用法律的武器来维护公司的利益，根据情况对监察员进行投诉。

我这么给你出主意，或许你会为此而感到不安，认为我们没有必要去得罪那些监察员，但是，我却不那么认为。因为，你的种种顾虑反而会使他们以为你真的做错了事，结果他们会向你摆出他们的高姿态和强硬态度。

不过，我们应该认识到，这些监察员都是人民的公仆，他们基本上都是很正直的人，对我们更没有恶意，也不会故意找我们的麻烦。这一点，不管是联邦政府还是地方政府，他们的做事原则都是一样的。

但是，让我非常奇怪的是，我认识的许多企业家，他们在面临这种情况时，也都和你用同样的处理方式。总的说来，企业越往前发展就越会遇到有智慧、有见识的人。

但大多数的经营者，只是去想办法回避遇到的事情，对于监察员给他们做的报告结果，他们也都半信半疑地表示赞同，认为这样就可以避免监察员找他们的麻烦了，其实，事情并不像他们想的那样。

接下来，我就给你讲一件我亲身经历的事情，以便你从中得到经验教训。那是一次我们公司和税务监察员之间的斗争，我们是为了公司的一种产品包装材料的课税问题而发生的这次斗争。

那次，这个监察员经过调查后告诉我，我们公司拖欠了很多这种产品包装材料的课税，加起来一共是 10 亿美元。同时，我们每年还需要再缴纳 7.5 万美元。这是一个不公平的裁决，我立即召集公司的全体董事商议解决办法。

我们决定从两方面开始做起，一方面，我们依照相关的法律对此事提出了申诉，再找到了当地的国会议员，告诉他们因为监察员的调查失误，使我们公司的利益受到了很大的损失。于是，这件事就和政治扯上了关系。而且，我们的一位议员朋友还是政府里的大官，监察局那里就不得不给他一个面子了。

另一方面，我们花钱聘请了国内顶尖会计师事务所的工作人员，为我们准备了第二次调查的重要证据，再花 1 万美元的诉讼费提出诉讼请求。这是我在创业近 50 年来处理这类事件总结下的经验。

接着，第二次检查开始了，这时我得到了民意代表和法律专家的帮助，事情进行得非常顺利，国税局的官员经过再调查，决定课税 1603 美元。这和最开始的 10 亿美元及每年需要缴纳的 7.5 万美元相比，简直是天壤之别啊！

我们总是以为政府的官员是惹不起的，实际上，他们也是通情达理的。而且有些时候，我们仅仅请求政治家就能帮助我们伸张正义，根本就不需要动用法律的武器。

那次的课税事件虽然使我们损失了 1 万美元的诉讼费，但通过此事，我总结到的经验是，为了证明自己的企业是合法经营的，我们必须拥有一切有力证据，这才是我们胜利的关键。

事实上，还有许多关于税收争论的事情是你所想不到的，这里面包括个人所得税、增值税等，同时，你还有可能会遇到很多的检查人员，比如药物检查员、动物检查员等。

不过，不管你将会遇到谁，如果你能够耐心、详尽地分析实际情况，只要自己是一个守法的经营者，那么当你遭遇不公时，你就只管拿出证据，向上层机关申诉吧，最后你总会成功的。

不要认为检查人员是得罪不起的，他们也有犯错的时候，只要我们是守法经营的，我们便可以以他们不称职为由向政府提出申诉。因为他是为我们服务的，他们领的工资也是我们这些纳税人纳的税，所以他们必须为我们服务。

而且，你也不用担心因为你状告了谁，谁就会将你怀恨在心，会对你进行报复。如果你真的遇到这样的事，你可以给监督部门打个电话，先对他进行检举，再请求监督部门换人检查，只要你理由充分，他们一定会被你说服的。就算他们不换人，下一次，也会是不同的检查者前来检查，因为监督部门每次的检查不可能都派相同的人来。

你要相信，胜利永远都属于正义的一方，只要你是一个守法的经营者，只要你拿得出有力的证据，我们就一定能够说服政府官员，为此，你应该立即采取行动了。只要你有十足的把握，就一定会取得胜利，但是，如果选择逃避，就一定不会胜利。

一家公司在经营管理中的两个重要因素是利润与效率，它们关系到公司的生存和发展。所以，我们在经营公司时，除了要有先进的管理模式和良好的企业文化，还要与政府官员建立好关系，我们需要与政府愉快地合作，而不是一味地害怕政府。

弗朗西斯·培根曾经说过：

人最难战胜的其实是自己的恐惧心理。

不要害怕与政府官员合作，他们是为了帮助我们的企业能够走得更稳固、更顺利才存在的，我们应该配合他们的工作。政府官员是我们选举出来的，让他们帮助我们，会使我们的事业更加坚固。如果你真的做错了，就要勇敢认错，但如果你是对的，就请你把你的观点坚持到底吧！

你的父亲

约翰·皮尔庞特·摩根

# 第三十封　掌握用人的技艺

**亲爱的小约翰：**

　　作为一个管理者，我的孩子，你必须知道，要使企业顺利地向前发展，如何用人、如何调动员工的主观能动性是非常重要的。

　　如果说管理是一门艺术的话，那么管理人就是艺术的艺术，它的宗旨是要求你必须协调好复杂的人际关系，调动起下属的积极性，让他们愉快地为公司创造效益。

　　知人，就是要了解人；善任，就是要善于用人。要想掌握好用人之道，就要做到知人善任。

　　一家企业在聘用员工的时候，要先了解这个员工的品德，因为，一旦这个员工的品德不好，就会直接影响公司的利益。特别是你作为他们的领导，在聘用人员上尤其要注意这点，万万不可根据自己的感情好恶而随便聘请人。对自己的下属，特别是对也管理着别人的领导者，你在聘用他们的时候要尤其注意，你不仅要对他们进行考察、识别，而且还要根据他们各自的特点，把他们放在合适的岗位上，这样才算是正确用人。

知人善任，就是要认真地考察自己的高层管理者，准确地了解他们，把他们分配到匹配的工作中去，发挥他们的特长和才干。这是做好公司总领导的重要任务之一。

在我们的企业中有句俗话叫"当路线确定好之后，各个领导者就成了企业成败的决定性因素"。这句话的意思就好比是一部机器，有了先进的设计、合理的结构和科学易行的操作规程，还必须有高水平的人来操作它，才能使它发挥作用。

我们身边的各个企业，都非常重视人才的选拔和任用，并把选用人才、知人善任作为领导工作的首要任务来抓。由于重要骨干的选用适当与否已成为企业经营好坏和能否取得成就的重要保证，所以很多大企业家在各层领导的选择上要花掉 40% 或更多的时间。为了使我们的企业发展得更好，作为父亲的我要求你在选人用人上面，也能向大企业家学习。

那么，怎样才能做到知人善任呢？依我说，你先要做到"知人"，即了解你的部下。这就要求你舍得花时间去观察、考验他们。对于他们的任用，尤其是对于各层领导的任用，你要严格把好关。

这里，给你举一个实例。有一家拉锁工厂，为了选择一名车间主任，这家工厂的领导者先后找来了 20 多个大学生候选人谈话，对他们进行各种评估、测试后，从中挑选出了一位，再将他分配去生产、销售科等第一线实习，再进一步观察，直到认为其合格后，才最后聘用。区区一个拉锁工厂在选择人员上都如此下功夫，我们这么大一个企业就更应该如此了。

在我们的员工队伍中，每个人都有各自的优点和缺点，他们的品德和才华也都各有差异。有的人在品德上是优秀的，但他的能力却比较弱；而有的人，他的能力非常强，但他的品德却有问题。如果说从品德和能力上来选择员工的话，我认为，我们应该选择那个品德优秀的员工。

因为，一个人的能力不够，我们可以慢慢培养他，但如果是他的品德出了问题，我们却无法将他改变。事实上，我们的工作也不是特别难，只要能激发员工的工作热情，他就会做出一番成绩；但如果是这个人品德有问题的话，则有可能会给公司带来麻烦。

我把品德优秀作为我挑选员工的基本要求。作为领导者，你一定要胸怀坦荡，眼光长远一点。千万不能戴着有色眼镜看人。你要反对那种论亲戚、看资格、视顺逆选人的观点，应从多渠道、多层次、多视角了解和考察人才。

"资格"反映了一个人做过哪些工作、取得过什么地位，是有重要参考价值的，但不能"唯资格论"，因为"资格"反映的是过去，并不反映现在和未来。"唯资格论"极易埋没一大批有真才实学却无任何"资格"的年轻人。至于论亲戚、视顺逆，则是历史上一切腐朽没落的统治者的选人伎俩。同时，你还要提防那些善于说好话、拍马屁的人，正是这些人的存在，才会使你在犯错的时候得不到高人的指点，而那些能够经常指出并批评你的缺点及错误的人，才是对你真正有帮助的人。

一个敢于冒险、拥有很强进取心的员工，在工作中就会有考虑得不周到的地方。一个有魄力、有本事、敢于打破常规的创新型员工，在工作中就会显露出骄傲自满、目中无人的毛病。一个有毅力、有韧性的员工，在工作中也会出现过于主观、武断的情况。这所有的一切都告诉我们，在这个世界上，没有十全十美的人。而作为企业的领导者，就应该既能知道员工的长处，也能了解员工的短处，这样才能更好地管理人。

要"知人"，就一定不要被那些闲言碎语干扰。人言可畏，闲言碎语是那些见不得人的人惯用的害人暗器。它之所以能起作用，就是因为有人相信它。经验证明，知人选人是极不容易的事。

作为企业领导者，你必须注意保护自己的人才，绝不要轻信闲言碎语。否则，许多有真才实学、有组织能力、有创业大志、能为公司出大力的人才，会因此而受歧视、被压制、遭排挤，如此就很难发挥他们的能力了。

作为企业的最高管理者，我们要善于用人，要将人用在最能发挥他长处的地方。长期以来，我们在任用各层管理者时，注意力往往多在"人"而不在"事"上。这种做法从实质上说是舍本逐末的。因为，任用管理人员是为了让他出色地去完成某项任务。

如果我们丢开了要他去做的具体任务，把注意力放在了计较、攀比每个管理者的缺点上的话，就使任用管理者的标准失去了合理的依据，限制或埋没了许多可以出色完成任务的人才。

所以，我们选择企业的各层管理者时，绝不能依人论人，而必须依事论才、按需任用。根据他们个人的特点和长处，分别给予他们合适的工作，把他们放到最匹配的岗位上。这样才不会把真正有才能的人埋没掉，也不会轻易地浪费员工的实际能力。

在我们的员工中，每个人的长处和才能都是各不相同的，有的人能够做好分析工作，有的人能够做好综合工作，有的人能够做好管理工作，有的人只能做好一门工作，有的人喜欢和人打交道，而有的人却不善于表达自己。

作为他们的领导，我们要根据他们不同的性格安排不同的工作。只有对不同的人要求不同，才能发挥他们各自的优势，使其积极工作，提高公司的整体效益。安德鲁·卡耐基有句关于这个道理的名言：

> 不同工作职位有不同要求，不同的人才适合从事不同的工作。有的人既能统观全局，又善于协调指挥，善于识人用人，组织才干出众，雄才大略，那他就是一个帅才。

当你安排好员工以后，你就应该放手让他们去完成自己的工作，使他们能在工作中表现一番。因为，每个员工都有他们的自信心和自尊心，尤其是担任各层管理者的知识分子，他们有完成工作后的成就感和荣誉感，有通过自己的努力去完成某项工作或事业的愿望。

因此，为了让他们做得更好，你除了对他们进行一些必要的指导和检查外，不要轻易指责他们所做的工作。这个道理，是我多年的经验之谈。相信你选择的员工，并且尊重他们的做事方式，可以使你的员工更加自信，并由此激发起他们的事业心和责任感。只有与员工先建立相互信任的关系，你和员工的合作才会更加和谐。反过来说，如果由于你的原因而使他们的自尊心受到伤害，他们就会本能地产生一种抗拒心理，这就会直接影响到你们的关系及公司的效益。

当你确定了要用这个员工时，你就应该相信他，并赋予他应有的职权。可我们身边的一些企业家却并不这么做，他们一边将工作交给下属，一边又担心他不能把工作做好，于是便包办了下属的工作，给中层领导者造成被动的局面。这样做的后果是破坏了上下级间原本互相信任的关系，不利于下属正常地开展工作。

为此，我要提醒你，如果你想真正地发挥下属的工作能力，就要将实权授予他，使他能够在自己的职权范围内做出成绩。你还要多为他着想，当他犯错时，你要主动承担起部分责任，毕竟他是你选的人。

你不能在他做出成绩时邀功，而出了失误却让他一个人承担责任。另外，你对下属做出的承诺一定要做到，不能出尔反尔只说空话，否则下属就会对你产生怀疑，你的威信也会随之丧失。

当下属的工作取得成绩时，你一定要有所表示，哪怕只是简单的几句表扬，只有这样做了，你才能激励起员工的工作积极性，使他们继续努力工作。

你还可以在公司里推出奖励机制，只要他们中的任何一个人为公司做出了突出的贡献，你就要对其进行奖励，这样才能使大家工作起来更有激情。总之，在公司里推行奖励机制，会使你能够更好地管理自己的下属，并发挥他们的潜能。

在任用各层领导者的过程中，你还应该分别对他们进行培养与提高，这样可以使他们的工作干得更好。至于培养与提高员工的具体方法，你可以根据每个人的实际情况，通过多种渠道、多种形式进行。让他们在工作中做出成绩，这是一种提高；给他们下达工作任务，督促他们完成工作任务，这是另一种提高。

我们身边有的公司，往往是工作多而人手少，这样一来，每个员工要做的事就很多，他们都必须尽全力去做事才能把任务完成，这就自然地形成了一种必须亲力亲为才能保证公司正常运转的好现象。

在你的心中，要有一条准则，就是不管采用哪种方法，你都必须先调动员工的积极性，而为了调动他们的积极性，你可以使用任何方法。你不能增设一些没有用的职位，不然得到这个职位的员工会觉得自己的工作没有意义。工作没有积极性，也就无法达到你所要求的标准了。当你安排的这个职位合情合理而员工也很乐意去干的时候，那么他就会表现得非常好。

如果你认为自己已经选好了最适合干这项工作的人，你就应该放手让他独立去处理一切事情，充分发挥他的主动性和创造性。这样，才能使他以最大的热情去做好你希望他做的事。如果你对他不信任，总是干涉他，他就会逐渐失去积极性，也就无法发挥他的才智了。

我几十年的经验告诫我，最能有效调动员工工作积极性的方式，是真正把权力交给他们，让他们自己完成好本职的工作。

事实上，把权力交给你的手下，也并不是说他们就可以为所欲为。但你应该记住，只要他们没有做越权的事情，你就应该尽力去支持他们的工作，同意他们的计划和建议，你绝不能时时守在他们周围，告诉他们这该怎么做、那又该怎么做。

你要明白，每个人都有他自己思考问题的方法，也许他们的想法比你的要高明得多呢？我这样说绝对没有贬低你的意思，因为把他们安置在合适的工作岗位上还是你的建议呢！

你要想事业取得成功，就要相信自己能够成功，就像作为企业的最高领导者，一定要相信下级管理者一样。这一点非常重要，因为并不是所有人都对自己做的事有信心，成功的管理者总是想尽办法让他的下属能够自信，告诉他们，你相信他们能够出色地完成任务。

还有，要求自己的下属做好一项工作，你必须先给他一个准确的工作目标，这个目标是他能够独立完成的，而不是那种一听说就会摇头、怀疑自己是否有能力做、很有可能被吓回去的工作，那样的话，他就没有了工作的积极性，而会应付完成你的要求。

不过，这个目标也绝对不能排除某种带有一定困难的宏伟目标，因为这种目标具有强烈的吸引力，可以激发出他极大的热情和战胜困难的斗志，能够调动起他的工作积极性来。

为下属制定的不管是哪一种目标，具体的、笼统的、现实的、宏伟的，都必须明确。笼统的目标并不是那种不清不楚的事情，伟大的目标也必须是具体的任务。含糊不清的目标只会让下属不知所措，这样的管理方式注定不会成功。

当然，最具有鼓动性的工作目标，往往是那种伟大的目标，它可以用简短的几个字来表达。例如，我们要实现月销售上亿的目标。简短易上口的口号往往更能够激起人们的斗志。它的作用就是要营造一种气氛，使生活在其中的人随时准备或正在以满腔的热情投入工作。作为最初定下目标的我们，要的不就是这种效果吗？

你的父亲

约翰·皮尔庞特·摩根

# 第三十一封　做自己命运的主宰

**亲爱的小约翰：**

我很抱歉当你向我提出"幸福是什么"这个问题的时候，我不能给你一个准确的答案。因为，我自己在这一生中也一直在找寻这个问题的答案。我想，对于这个问题，每个人的看法都是不一样的。

弗朗西斯·培根曾说："人的命运，是掌控在自己手里的。"一个人能不能成功是与他的自信心和个人的做事原则分不开的，倘若你想成为一个成功的人，那么你就必须先有健全的人格和积极的思想。说到这儿，我认为我有必要给你讲一下要想成为一个大人物所必须具备的自身条件：

第一，大人物具有独特的想法和见解。正是因为世界上的人都存在着自己的特点，所以我们身边的人才会各不相同。

第二，大人物充分了解自己的性格和能力，能完全发挥出自己的专长，把事情做好。

第三，大人物还具备不耻下问的精神，能多向别人请教自己的不懂之处。

我的孩子，你只有按照我提供给你的这些方式方法，才有机会把自己塑造为成功者的角色。同时，你要走的道路、要完成的事业，只能靠你自己的力量，你不能去依靠别人，因为别人对你造成的影响也是有限的。

事实上，我们每个人对幸福的解释各不相同，这是可以理解的，就好比当我们面对困难时，我们每个人所做出的反应也不一样，这中间最大的原因是我们每个人的心理素质不同。一个人心理素质的发展与他本身所要的自由是分不开的。

在我们接受命令的时候，我们有权选择拒绝；在我们面对人生挑战的时候，我们也有选择逃避的自由。当你不想完成一件麻烦事情的时候，你可以埋怨一番，甚至可以不去做。但是，你也可以对自己说：这件事没有什么了不起，我可以将它做好，我要做出一点成绩来给大家看看。

如果你抱着这种想法做事情，那么你做任何事情，都会很顺利，同时你还能体会到完成任务后的成就感。正如你在面临挑战时，你有权选择该怎样做，如果你的选择是明智的，那么你取得成功的机会就会很大。

战胜困难不仅要有面对困难的勇气、积极乐观的做事态度，还要有良好的心理素质，这是非常重要的。良好的心理素质可以使你在面对困难时坦然对待，而且还能让你的生活更加有意义。

你的心理如果健康，你就会体验到人生应有的责任感，在你完成责任的同时，你的人生也将变得更加成功。

责任真的更能激发人的激情，发挥人的创造力。我多年的经验告诉我，一个责任心很强的人，他的生活就过得很充实。有的人在面对困难时就不敢去做了，因为他们害怕自己会遭遇失败。

我认为，我们每个人都应该很轻松地去面对成功和失败，必须有一个健康的心态和积极向上的人生观，这样，我们才会离成功更近一些。我还觉得，那些经历过失败后又重新站起来的人，比那些因为害怕失败而不敢做事的人更加伟大。因为，人生本来就是由一连串的失败与继续向前的脚步组成的，如果我们只知道逃避困难，那么永远都无法成功。

要想成为一个伟大的人，就不能向困难低头。我们可以从伟人成功的经验中准确地找到那些伟人在面对困难时的实际做法。他们各自心中有能引导自己的思想，在面对困难的时候，他们的责任感会激励他们继续前行。

每次，当我了解到那些伟人是如何披荆斩棘越过重重难关的，都会为他们不屈不挠的精神深深感动。达到伟大这座高峰，需要经历许多艰难险阻。这条艰险的道路，直到今天也非常难走，一点儿也没有改变。当你站在人生的坎坷路上时，一定要有勇往直前的决心，这样你才有机会取得成功。

战胜困难除了能够证明你自己的真实本领，还能让你明白人生的价值所在，这就是现在很多年轻人仍然无法明白人生价值的真正原因。而且，他们没有人生目标，也没有真正的努力方向，因此，他们便不能体会到自己成功后的喜悦。

这样，他们的才干与能力就白白地浪费掉了。也许在某一天，当他们在照镜子的时候，会自言自语地说腓特烈二世爱说的一句话："为什么现实生活中的我，和镜中完美的我有这么大的差别呢？"

在当今的社会上，我们的生活条件一天比一天好了，这就使得我们越来越不能吃苦了，我们的性情也变得越来越差了。这真不是一个好现象，这种现象我们在古代的时候也曾经遇到过。

当然，吃苦与生活水平的提高并不矛盾，因为如何面对困难和如何解决困难是个人的事情，逃避吃苦并不能使生活水平提高，反而反映出我们未能将面对生活挑战和承担责任的勇气转化为实际行动。若我们把害怕吃苦的性情当作是一种生活方式的话，我们也就无法体会到人生的价值和生活的意义了。

人类在进化的过程中，主要是靠战胜众多艰难险阻而生存下来的。但是现在，我们人类却没有了古代人的那种战斗意识，我们中的大部分人并不会为了生存而勇敢地接受一切困难，而是想方设法地逃避、退让。他们把自己藏在社会福利制度和父母朋友的保护下，或是借酒精来麻痹自己。以这样的心态去面对困难的人，根本就没有勇气去战胜困难，更不要说让他们去战胜挫折了。而且，又由于他们也没有成功或失败的经历，所以就更没有克服困难的勇气了。

不过，我在前面已经说过，人的命运，是掌控在自己手里的，我说这句话的意思就是说，我们要想战胜困难的话，就全凭自己怎么去做了，无论结果如何，都必须通过我们自己的努力去尝试。

我们身边还有一种人是很可悲的，他们在现实生活中无法过上自己想要的那种生活，就沉醉在自己的想象中，成天不切实际地胡思乱想。其实，与其逃避现实，还不如拍着胸脯对自己说："我能克服困难。"勇敢地向困难发起挑战，这才是明智的做法。

世界上就没有不劳而获的事情，至于你本来就具备的健康的身体和幸福的家庭，那是另外的一回事。

没有从天而降的幸福，就像天上不会掉馅饼一样。要享受幸福，就必须先定目标。这个目标可以是仅仅把屋子打扫干净就行了。幸福还可以来自很多地方，比如学习做家务、在学校取得优秀成绩、和朋友愉快地相处、考取驾照等，如果你能把它们都做得很好的话，你就能从你的成就中感受到幸福。

事实上，我们的幸福感大多就是源于完成事情后的满足感。因为只有我们把自己制定的许多目标都完成了，我们才会感到无比自豪。

这里，我再给你说个非常现实的例子，那就是你的爷爷在以前每天都会制订生活计划，然后通过努力完成他的这些计划。为此，他每天都过得非常充实、幸福。

在他满 80 岁的时候，当我询问起他的健康状况时，他对我说，如果让他每天早上一觉醒来就有一些事情等着他去做的话，他就会过得健康快乐的。但自从他过了 85 岁的生日以后，需要他完成的事就相对减少了，所以他的身体也没有从前那么健康了。

克服你在生活中面对的困难，努力实现自己的目标，这样你的生活就会更有意义。你必须向高质量生活、工作的方向迈进，这样你的人生才会更有意义。

在我们的人生道路中，出乎意料的事情随时都可能发生，因此，当你遇到了人生意外时，要勇往直前，不害怕困难，只有这样做，你才能深刻地体会到人生的意义，品尝到幸福的滋味。

虽然我们每个人理解的幸福的含义各不相同，但对我来说，我觉得幸福是在我们完成了一件事情后同步到来的，为了完成你的工作，你必须先负起这个责任来，用正确的态度来对待自己的工作，不屈不挠地将它完成。

人生的价值不在于我们活了多久，而在于我们这一生中做了多少事。有的人活了 100 岁，到头来却什么事也没有做成。我的孩子，幸福并不来自我们享受生活的过程，而是来自我们对生活所抱有的态度。

你的父亲

约翰·皮尔庞特·摩根

# 第三十二封　放手经营自己的事业

**亲爱的小约翰：**

我很感谢在这个时候你对我的挽留，但是，我还是要遗憾地对你说，爸爸该退休了，从现在起，我把公司的一切权力都完全交给你。现在该是你真正发挥才能的时候了。

虽然你认为我还可以以职员的身份留在公司，象征性地参与公司的管理工作，但是，你不觉得这样做会很伤我的面子吗？我很高兴你能这样为我着想，但是，这样做的后果会使你在以后的管理中碍于我的存在而不能正常发挥出你的才干来，因此，你的提议绝不是一个好主意。

也许对你来说，让你完全来管理这个公司，你会感到很大的压力，因为如何使公司继续向前发展将使你伤透脑筋。事实上，对于这个问题，我们一直都在做着各种努力，不然我们的公司也不会发展得这么好了。

在有的家族企业中，由于他们中的个别领导者做出了一些错误的决定而使自己的企业最终走向灭亡，这种事情并不少见。通常情况下，他们都犯下了两个致命的错误，下面，我将为你仔细分析这两个错误。

这第一个错误就是，他们基本上都高傲自满、自以为是，认为自己的企业就是天下第一，能够永远都为他们赚钱。这样的结果就是当他们失败以后，他们无疑就是最悲惨的人。

不过，有的企业正是因为他们具有高高在上的姿态才使企业度过一次又一次的难关，并建立起了今天的事业，但是，他们的高姿态如果继续保持的话，也将阻碍公司的发展，我可不希望我们的企业走上这条道路。

这第二个错误就是，家族企业在一般情况下主要的权力都掌握在创始人手里，他们担心自己的接班人没有能力将企业管理好，因此，他们就一直握着权力不放，让接班人永远无法真正接手公司。

接班人想要在企业中做个什么事，他们也总要议论一番，指责这个、指责那个，把本来挺好的一个计划，全盘打乱，所谓的"人多嘴杂"就是这个道理。因为，两个人的思想不可能完全一样，一旦两人为了领导权而形成争夺的话，结果将会非常惨。

事实上，很多家族企业的接班人都是很有才能的人，只是创始人没有给他发挥才能的机会，最后导致很多家族企业走向衰落，或者被别的企业收购。很多家族企业的创始人眼看着自己辛苦建立起的基业，由于经营和管理的不善，而不得不陪着他自己一起消失，是一件非常令人心痛的事情！

　　为了避免我们的企业走上那样的道路，同时也为了使我们的企业能在国际竞争中继续生存下去，我现在把我的一切权力都交给你，不然，我担心我们的企业有一天会被外国的先进公司所吞并或者由于我的经营管理不善而破产。

　　在我离职前，我想我有必要提醒你，在企业的管理中，决定企业发展规模的重要因素是对企业资本的管理，同时，企业资本的积累也是我们参与市场竞争的一个重要课题。为此，为了让我们的企业稳定地发展下去，成为世界知名企业，你必须将我们公司的资本管理水平提上一个新的高度。只有这样，我们的企业才能走向世界。

　　我为什么会选择在这个时候离开公司，主要是为了我们企业的前途考虑，因为企业的发展必须靠先进的管理及持续不断的创新来实现，只有这样，我们的企业在发展的路上才能走得更好、更稳。

　　虽然你是我的儿子，但是今天你能成为我们企业的最高领导者，也跟你自己的努力是分不开的，这个接班人的位置也是我考虑了很久才决定传给你的。

　　从今天开始，我将不再管你的工作，我深信，我的孩子能够做好一切。这么多年里，我花了很多时间让你能独立自主，现在它已经成为你个性的一部分，牢牢地生根了，如果我在此时再不给你一个真正独立的机会，恐怕你会因此而埋没掉自己的才干。

在我离开公司前，我已经给你找好了很多优秀的金融、法律及财政的专业人士来辅助你的工作。当你在工作中遇到问题的时候，他们会以收费的方式给你提供建设性意见；当你的工作做出成绩时，他们也会为你高兴。他们并不是为了确保自己的收入，而是为公司的成长做出自己的努力。所以，你一定要与他们搞好关系。

如果你真的在乎他们和几位外援董事，他们将成为你的保护者甚至监护人。我知道只要你能调动他们的积极性，就算在最坏的情况下，凭他们卓越的才能、丰富的经验，也能帮你渡过各种难关，而如何运用他们的才干，就全看你的做法了。

我之所以选择现在离开公司，原因非常简单，那就是在这以后的某天早晨，你醒来后会发现再也叫不醒我了。从那一天起，你不仅得挑起公司的重担，还必须照顾好我们全家。所以，你现在必须有心理准备来承担来自各方面的压力。

比如，一开始，公司会面临许多危机，你的下属会议论："老摩根走了，公司会不会垮台？"而与公司合作的银行、客户、职员、你的朋友包括你的敌人，都会把注意力集中在你的身上。

银行担心他们的贷款，职员关心他们的工作，客户担心商品及服务的品质。在这个关键的时刻，你只要有半点做得不好，你身边的重要干部就有可能会另谋高就。银行则会变得非常神经质，他们虽然不会因我的死亡而收回贷款，却有可能限制你的贷款金额。

在经营管理中，千万不要盲目自信，但是，该自信的时候，一定要巧妙地、恰当地表现出来，让客户及竞争对手猜不到你的经营方法。你甚至可以在我死后对你身边的人说这样的话：

> 父亲的去世，让我感到非常悲伤，但幸运的是，由于我过早地掌管了公司，所以在事业上我不会受到任何影响，自从父亲把公司交给我就一直没有再过问，这些年都是我自己在独立管理，所以当各位听到家父去世的消息时，请一定不要为我们的企业担心。

在以后的时间里，我还会和你谈关于宗教、政治等方面的问题，而关于你管理公司的事，我将一个字也不谈。同时，以后我的社会交往中，总会碰到认识你的朋友，他们一定会详细地告诉我有关你的事，他们也许会说，你的做事风格很像我，但又比我更出色，我不知道，你听他们这么议论你，会有何感受，但是我一定会高兴得合不上嘴。

好了，现在爸爸再来告诉你我现在为什么要放手自己奋斗多年的事业。原因有好多：

第一，在我做事业的这二十多年里，我仅仅陪过你妈妈两次寒假，而现在我想弥补这个遗憾。

第二，我突然发现我很有管理花园的天赋，我认为，家里那个快被大家遗忘的花圃更需要我的照顾。

第三，我还发现一个钓鱼的好地方，打算花点时间在那上面，而且，我还看到了天上的好几只雷鸟，我也打算把它们找回来养。

我有这么多的事情要做，相信我退休后一定会很忙。这个美丽的国家，正等着我去一睹风采。别担心！我会带一位副驾驶一起去。

最后，还有五十二本我一直想看却没有时间来看的书。我一定要利用闲暇时光，把它们全部读完，以前没有研究过的有关历史及哲学的重要问题，希望现在开始研究还不算太迟。如此一来，我就能够好好享受人生了。

我不知道世界上是不是真的有灵魂转世，如果真的有，我会祈求上帝下辈子让我做你的孩子，有你这样的爸爸，我的人生一定会更加有意思。把我的爱全部都给你！我的孩子！

　　　　　　　　　　　　　　　你的父亲

　　　　　　　　　　　　约翰·皮尔庞特·摩根